COLEÇÃO FGV PRÁTICA

MANUAL DE ONGS

Guia prático de orientação jurídica

Maria Nazaré Lins Barbosa e
Carolina Felippe de Oliveira

FGV
EDITORA

ISBN — 85-225-0353-2

Direitos desta edição reservados à
EDITORA FGV
Praia de Botafogo, 190 — 14º andar
22253-900 — Rio de Janeiro — Brasil
Tel.: 0-XX-21-2559-5533 — Fax: 0-XX-21-2559-5541
e-mail: editora@fgv.br
http://www.fgv.br/publicacao

Impresso no Brasil / *Printed in Brazil*

1ª edição — 2001

Revisão de originais: Carlos Cordeiro de Mello

Editoração eletrônica: Jayr Ferreira Vaz

Revisão: Mauro Pinto de Faria e Sandra Pássaro

Capa: Tira linhas studio

Coordenação do Centro de Estudos do Terceiro Setor (Cets) — FGV/Eaesp:
Luiz Carlos Merege

Ficha catalográfica elaborada pela Biblioteca
Mario Henrique Simonsen/FGV

Barbosa, Maria Nazaré Lins
Manual de ONGs : guia prático de orientação jurídica / Maria Nazaré Lins Barbosa e Carolina Felippe de Oliveira; coordenação Luiz Carlos Merege. — Rio de Janeiro: Editora FGV, 2001.
180p. — (Coleção FGV Prática)

Inclui bibliografia.

1. Organizações não-governamentais. 2. Terceiro setor. I. Barbosa, Maria Nazaré Lins. II. Oliveira, Carolina Felippe de. III. Merege, Luiz Carlos. IV. Fundação Getulio Vargas. V. Título. VI. Série.

CDD-658.1148

Ao Marcos, meu maior incentivador, que com tanto amor me impulsionou.

Às entidades que acompanhei no nascedouro e no desenvolvimento.

Sumário

Apresentação

O setor sem fins lucrativos, ou "terceiro setor", tem crescido notavelmente em todo o mundo nas três últimas décadas. Também no Brasil as entidades sem fins lucrativos têm conhecido uma franca expansão: nos anos 1990, só na cidade de São Paulo, registraram-se mais de mil entidades por ano.

As áreas de atuação dessas entidades são as mais variadas, abrangendo não apenas os serviços sociais tradicionais — educação, saúde, assistência, cultura, recreação — como também áreas emergentes — ambientalismo, direitos humanos, promoção de voluntariado, formação para a cidadania. O crescimento e a diversificação do terceiro setor geram uma enorme demanda por conhecimentos específicos, de tal forma que no âmbito da administração se têm desenvolvido novas disciplinas: gestão para o terceiro setor, marketing social, gestão do trabalho voluntário, captação de recursos, entre outros tópicos que expressam as peculiaridades e os desafios do setor não-lucrativo. Já se fala também em um "direito" para o terceiro setor.

O livro *Terceiro setor: reflexões sobre o marco legal*, publicado em 1998 pela Editora FGV, teve sua primeira edição rapidamente esgotada. E as recentes e importantes alterações ocorridas na legislação brasileira que regula o setor sem fins lucrativos tornaram ainda mais premente o acesso a informações claras e precisas, que orientem a atuação das entidades no seu dia-a-dia. Trata-se de uma demanda claramente identificada, tanto nos cursos de capacitação das organizações da sociedade civil levados a efeito pelo Centro de Estudos do Terceiro Setor (Cets), da EAESP/FGV, quanto em nossos contatos com inúmeras entidades.

Concebeu-se, assim, a idéia de elaborar um guia prático de orientação jurídica para pessoas vinculadas de alguma forma a ONGs — dirigentes, empregados ou pessoas interessadas em criar uma entidade sem fins lucrativos. O guia pretende auxiliar a entidade em relação às principais obrigações e rotinas de cunho administrativo, bem como alertá-la para as possíveis vantagens e obrigações decorrentes da legislação fiscal.

Optou-se por um livro prático, na forma de manual, com tabelas orientativas e modelos úteis. O intento não foi discutir aspectos técnicos e jurídicos para especialistas, mas não se deixou de apresentar as controvérsias jurídicas mais candentes, apontando, em cada caso, que interpretação vem prevalecendo, bem como nossa posição em relação ao assunto tratado. Essas explicações, contudo, não esgotam o assunto. Para o leitor interessado em aprofundar as questões técnicas, indica-se a bibliografia especializada para cada caso.

Ao trazer a público este manual, sentimo-nos devedores de muitas pessoas que nos fustigam com suas dúvidas e com quem partilhamos o desafio de encontrar as soluções jurídicas mais adequadas para os variados problemas que se interpõem no dia-a-dia das entidades. A todas, a nossa sincera gratidão e reconhecimento.

Finalmente, agradecemos o patrocínio da Fundação W. K. Kellogg, que tornou possível esta publicação.

CAPÍTULO 1

A constituição da entidade

Introdução

Duas ou mais pessoas que reúnem esforços ou recursos para alcançar uma finalidade comum, mediante um determinado ajuste ou acordo, celebram juridicamente um contrato de sociedade. Desse contrato pode surgir uma instituição, isto é, uma entidade, uma nova pessoa, distinta da pessoa dos sócios: uma pessoa jurídica.

Uma pessoa jurídica pode ser constituída com o objetivo de gerar lucros para os sócios. Se a atividade desenvolvida for comercial, essa entidade será uma empresa, e deverá ter o seu contrato social registrado na Junta Comercial. Se for uma sociedade de prestação de serviços, o seu contrato social será registrado no Cartório Civil de Registro de Pessoas Jurídicas.

No entanto, com freqüência, pessoas reúnem esforços ou recursos não com a finalidade de obter resultados lucrativos ou financeiros para os seus sócios, mas para atingir outros fins: lazer, cultura ou recreação, estudo ou difusão de idéias, benemerência e tantos outros. Entidades dessa natureza podem ganhar reconhecimento jurídico ao registrarem seus *estatutos* (e não um contrato) em um cartório de registro civil de pessoas jurídicas. Essas entidades sem fins lucrativos constituem-se sob a forma de associações ou fundações.

Tanto as fundações quanto as associações regem-se, assim, por estatutos registrados em cartório. Porém, as fundações caracterizam-se como *um patrimônio afetado a um fim*, estando submetidas à fiscalização do Ministério Público. As associações caracterizam-se por ser uma reunião de pessoas. Não precisam contar com patrimônio prévio.

E o que são institutos, organizações não-governamentais (ONGs), organizações da sociedade civil (OSCs), organizações sociais (OSs), organizações da sociedade civil de interesse público (OSCIPs) etc.? Todas essas denominações referem-se a entidades de natureza privada (não-públicas) sem fins lucrativos, que juridicamente ou são associações ou fundações. Essas associações ou fundações, conforme o caso, podem pleitear a obtenção de determinados títulos ou qualificações (título de utilidade pública, qualificação como organização da sociedade civil de interesse público etc.). No entanto, sob o aspecto jurídico, a característica básica da entidade é ser associação ou fundação.

As considerações feitas neste livro aplicam-se tanto às associações quanto às fundações. Mas não iremos abordar questões que digam respeito exclusivamente às fundações,[1] nem tampouco enfocar a figura das cooperativas, que, embora sejam entidades privadas sem fins lucrativos, têm um regime jurídico próprio, distinto do regime das associações e fundações, e são registradas na Junta Comercial.

Providências para o registro como pessoa jurídica

A associação adquire personalidade jurídica quando é registrada no Cartório Civil de Registro de Pessoas Jurídicas. São os seguintes os documentos a serem apresentados para se conseguir o registro:

- *ata de constituição*: relata a reunião dos sócios fundadores que propôs a constituição da associação. Essa ata deve estar assinada por todos os sócios fundadores;
- *estatutos sociais*: em duas vias, assinados pelo presidente da associação e vistados por um advogado inscrito na Ordem dos Advogados do Brasil no estado onde está sediada a entidade. Ambas as assinaturas devem ter firmas reconhecidas;
- *ata da eleição da Diretoria e do Conselho Fiscal*: essa ata deve conter os dados e a qualificação de cada diretor eleito, mencionando a duração do mandato. Bastam as assinaturas de quem presidiu e secretariou a reunião;
- *requerimento de registro* assinado pelo representante legal da entidade.

Outros registros obrigatórios

- Cadastro Nacional de Pessoas Jurídicas do Ministério da Fazenda (CNPJ/MF). Deve-se comprar em uma papelaria o formulário próprio, em três vias, e apresentá-lo à delegacia da Receita Federal da jurisdição à qual

---

[1] Para uma ampla abordagem do regime de fundações, recomendamos Paes (2000).

pertence a entidade (a divisão de competência é feita pelo endereço da sede).

- Cadastro na Prefeitura — Cadastro de Contribuintes Mobiliários (CCM). Para obter esse registro, basta informar, no departamento competente da Prefeitura, o nome, o endereço e os objetivos da associação. Às vezes, para que a entidade possa funcionar, também é preciso pagar uma taxa anual, que varia de município para município. Por exemplo, em São Paulo há a taxa de licença, instalação e funcionamento (TLIF). Convém informar-se das obrigações exigidas por seu município.

Requisitos que devem constar do estatuto

O estatuto da entidade, de acordo com a Lei de Registros Públicos (Lei nº 6.015/73, art. 120), deve conter obrigatoriamente os seguintes dispositivos:

- a denominação, o fundo social (quando houver), os fins e a sede da associação ou fundação, bem como seu tempo de duração;
- o modo pelo qual se administra e representa a sociedade, ativa e passivamente, judicial e extrajudicialmente;
- se o estatuto, o contrato ou o compromisso é reformável no tocante à administração e de que modo;
- se os membros respondem ou não, subsidiariamente, pelas obrigações sociais;
- as condições para a extinção da pessoa jurídica e, no caso de isso ocorrer, o destino de seu patrimônio;
- os nomes dos fundadores ou instituidores e dos membros da diretoria, provisória ou definitiva, com indicação da nacionalidade, estado civil e profissão de cada um, bem como o nome e a residência do apresentante dos exemplares.

A sede da entidade

A sede da entidade deve constar do estatuto, e pode coincidir com a residência de um dos sócios. Com o desenvolvimento das atividades sociais, há uma tendência à distinção entre ambas.

Recentemente, o Supremo Tribunal Federal admitiu, em uma decisão — cujo resumo transcrevemos — que o fato de a sede da entidade ser utilizada como residência dos sócios não impede a entidade de receber os benefícios fiscais a que tenha direito. Eis o resumo da decisão:

"Imunidade — Instituição de educação e de assistência social — imóveis utilizados como escritório e residência dos membros — O fato de os imóveis estarem sendo utilizados como escritório e residência de membros da entidade não afasta a imunidade prevista no artigo 150, inciso VI, alínea "c", §4º da Constituição Federal. (Recurso extraordinário nº 221.395-8, votação unânime da 2ª Turma do STF, Relator: min. Marco Aurélio, DJU. 1—E de 12-5-2000, p. 28.)"

Providências para alteração do estatuto

Para proceder a qualquer alteração estatutária é necessário apresentar os seguintes documentos no cartório de registro:

- edital de convocação da assembléia;
- lista de presença dos sócios;
- ata da reunião;
- alteração estatutária com visto do advogado. A assinatura do presidente deve ter firma reconhecida.

Regimento interno

As entidades podem elaborar um regimento interno que complemente e chegue a detalhes de organização e de funcionamento que não precisam constar do estatuto. O regimento interno não é obrigatório. Pode ser conveniente após um período de funcionamento da entidade, quando seu crescimento ou diversificação recomende uma organização mais elaborada. Geralmente não é recomendável quando a entidade ainda está dando início a suas atividades.

Pode-se reservar para um regimento interno disposições optativas, como por exemplo:

- a freqüência das reuniões ordinárias do corpo diretivo mais alto (assembléia ou diretoria);
- a previsão dos detalhes de funcionamento da entidade, horário e organização, sempre em conformidade com os estatutos;
- a faculdade de aumentar ou diminuir o número de diretores, dentro dos limites fixados no estatuto;

- a faculdade de criar ou eliminar cargos dentro da organização;
- responsabilidades específicas de funcionários e diretores, como deveres de lealdade, diligência e reserva de informação (os funcionários e diretores devem comportar-se de modo a serem leais com a organização, cumprir suas responsabilidades com esmero e diligência e manter a reserva de informações privadas da organização).

Os órgãos da entidade

A entidade possui uma estrutura interna e desenvolve suas atividades mediante órgãos de natureza deliberativa ou decisória (Diretoria e Assembléia), fiscalizadora (Conselho Fiscal) ou consultiva (Conselho Consultivo).

A Assembléia e a Diretoria são obrigatórias; o Conselho Fiscal é obrigatório em certos casos; e o Conselho Consultivo é sempre facultativo. A denominação desses órgãos pode variar de entidade para entidade. A Diretoria, por exemplo, pode ser chamada de Conselho Administrativo, e o Conselho Fiscal, de Conselho Auditor, ou qualquer outro nome que se considere adequado. O que importa é a previsão de órgãos com determinados poderes e atribuições.

A existência de outras instâncias de apoio executivo depende do porte da entidade. Conforme o caso, as tarefas ficam concentradas na Diretoria, sem necessidade, por exemplo, de se criar um "departamento de eventos", um "departamento cultural" etc.

Diretoria

A Diretoria pode ser exercida por um único indivíduo, se assim dispuser o estatuto. Contudo, a fim de conferir um caráter democrático à gestão, em geral é um órgão colegiado, formado por indivíduos designados ou eleitos, que ditam as políticas para a entidade e que representam a entidade, ativa e passivamente. A Diretoria, se assim dispuser o estatuto, poderá contratar pessoas para a função de gerência de finanças, operações ou atividades.

Assembléia Geral

É a reunião de membros de uma organização, exigida por lei, com periodicidade variável, na qual se definem ou se reformam as políticas básicas da organização, se elege a diretoria e se tomam as decisões de maior envergadura.

Conselho Fiscal

A Lei das Sociedades Anônimas (Lei nº 6.404/76) dispõe sobre a criação e o funcionamento de um conselho fiscal, como órgão obrigatório naquelas empresas. O Conselho Fiscal não é um órgão obrigatório nas associações civis, mas em muitos casos torna-se bastante conveniente. É obrigatório se a entidade pretender qualificar-se como organização da sociedade civil de interesse público (OSCIP).

Compete ao Conselho Fiscal fiscalizar os atos dos administradores e verificar o cumprimento de seus deveres legais e estatutários.

Categoria de sócios

A entidade pode estabelecer diferentes categorias de associados, como por exemplo: sócios fundadores, sócios efetivos, sócios colaboradores, sócios honorários etc., de acordo com os critérios estabelecidos no estatuto e/ou regimento interno.

A entidade pode reservar alguns direitos àqueles sócios que compareceram à assembléia de criação da entidade. Por exemplo, prevendo no estatuto que os diretores serão eleitos entre os sócios fundadores (note-se, porém, que com o correr do tempo essa restrição pode se revelar prejudicial à entidade, o que levaria esse item, oportunamente, a ser objeto de uma alteração estatutária).

Os sócios admitidos como sócios efetivos podem ter direito a voz e a voto nas assembléias. Os sócios colaboradores só têm direito a voz. Serão sócios honorários aqueles que a entidade quiser homenagear com esse título, em virtude de alguma colaboração relevante prestada a ela ou à causa por ela defendida. Nada disso é obrigatório, mas, conforme o caso, pode ser conveniente fazer isso constar do estatuto.

Os dirigentes

Os sócios dirigentes, que participam efetivamente da gestão executiva, têm atribuições de particular importância e responsabilidade.

Os dirigentes de instituições sem fins lucrativos — inclusive os membros do Conselho Fiscal — devem estar cientes das responsabilidades que assumem.

Aplicando, por analogia, as disposições constantes na Lei das Sociedades Anônimas, pode-se atribuir aos dirigentes os seguintes deveres:

Deveres

Sabemos que o dever essencial dos dirigentes é cumprir e fazer cumprir o estatuto da entidade.

A Lei nº 6.404/76 — Lei das Sociedades Anônimas — prevê alguns deveres para os dirigentes e conselheiros, quais sejam: *o dever de diligência*: "O administrador da companhia deve empregar, no exercício de suas funções, o cuidado e a diligência..." (art. 153). Deve, pois, buscar a probidade e a transparência no desempenho de suas funções; e *o dever de lealdade*: "O administrador deve servir com lealdade à companhia..." (art. 155). Entendemos que o dever de lealdade do dirigente para com a entidade significa evitar conflitos entre os interesses pessoais e os da entidade.

Responsabilidades

A Lei nº 6.404/76 prevê, em seu art. 158, que o administrador não é pessoalmente responsável pelas obrigações que contrair em nome da sociedade e em virtude de ato regular de gestão. Isso significa que ele não responde civilmente pelas obrigações contraídas em nome da entidade, exceto quando causar prejuízos por *culpa ou dolo* ou por *violação da lei ou do estatuto.*

Em geral, os estatutos das entidades sem fins lucrativos também prevêem que os sócios não respondem subsidiariamente pelas obrigações contraídas pela entidade — a menos que tenham agido de má-fé ou culpa. A responsabilidade administrativa recai sobre os excessos, abusos ou violações da lei ou do estatuto.

Além da responsabilidade administrativa (por ato de gestão ou de omissão na fiscalização), a responsabilidade dos membros da diretoria ou do conselho fiscal pode compreender os campos civil ou até mesmo penal.[2]

A responsabilidade no âmbito civil compreende a regra geral da culpa civil, extracontratual, qual seja: todo aquele que por ação ou omissão voluntária lesar direito ou causar prejuízo a outrem fica obrigado a reparar o dano. É necessário haver culpa (negligência, imprudência ou imperícia), dano a terceiros e nexo de causalidade entre a culpa e o dano.

No âmbito penal, a ausência de culpa ou de dolo (má-fé) exclui a responsabilização. A título de exemplo, transcrevemos a seguir a ementa de uma decisão de um tribunal nesse sentido:

---

[2] Paes (2000:216).

> "Crime de falta de recolhimento de contribuições previdenciárias — dirigente de associação cultural — ausência de dolo. Penal e processual penal. Contribuições previdenciárias. Art. 95, "d" da Lei nº 8.212/91. Ausência de dolo.
>
> O art. 15 da Lei nº 8.212/91 tipifica associação cultural e desportiva na categoria de empresa. Possibilidade de responsabilizar os dirigentes como sujeitos ativos do tipo descrito na exordial. Para configuração do delito previsto na alínea "d" do art. 95 da Lei nº 8.212/91 faz-se necessária a figura do dolo, que consiste na vontade livre e consciente de apropriar-se dos valores devidos à Previdência Social. Ausência de dolo comprovada pela difícil situação financeira da firma e pela expedição pelo INSS de CND."[3]

Responsabilidade solidária

O dirigente e a entidade são obrigados a responder solidariamente por ato ilícito praticado. Por exemplo, quando a pessoa jurídica é utilizada para se praticar um ato ilícito ou para encobrir uma fraude.[4]

A responsabilidade é solidária também quando há divisão de responsabilidades entre dirigentes. Um administrador não é responsável pelos atos ilícitos de outros administradores, salvo se for conivente com eles, negligenciar em descobri-los, ou, deles tendo conhecimento, deixar de agir para impedir sua prática (art. 158, §1º da Lei nº 6.604/76).

Também responde solidariamente com o administrador aquele que, com o fim de obter vantagem para si ou para outrem, concorrer para a prática de ato que implique violação da lei ou do estatuto (art. 158, §5º da Lei nº 6.604/76).

Deveres específicos do Conselho Fiscal

São deveres específicos do Conselho Fiscal:

- fiscalizar a gestão administrativa;
- solicitar as informações necessárias ao exercício da fiscalização;
- dever/poder de diligência;

---

[3] Apelação Criminal ACR nº 1.465-RN (95.05.34643-3) julgada pela 3ª Turma do Tribunal Regional Federal da 5ª Região. DJU de 10-9-1999, p. 797. *Revista Dialética de Direito Tributário*, n. 50. p. 222.

[4] Acórdão da 10ª Câmara Cível do TJSP, Relator: des. Prado Rossi, publicado na RT 575/136.

- expor à assembléia geral as irregularidades ou erros porventura encontrados, sugerindo as medidas necessárias ao saneamento.

O art. 165 da Lei das Sociedades Anônimas estabelece que os membros do Conselho Fiscal têm os mesmos deveres dos administradores e respondem pelos danos resultantes de omissão no cumprimento de seus deveres e de atos praticados com culpa ou dolo, ou com violação da lei ou do estatuto.

O membro do Conselho Fiscal não é responsável pelos atos ilícitos de outros membros, salvo se for conivente com eles, ou concorrer para a prática do ato. Assim, é solidária a responsabilidade dos membros do Conselho Fiscal por omissão no cumprimento de seus deveres.

Atas de reuniões da assembléia e da diretoria

As atas de reuniões das assembléias gerais relatam brevemente os estudos realizados e as decisões tomadas por esse órgão que compõe a administração da entidade e que toma as medidas que julga conveniente ao bom andamento da entidade. A competência das matérias pertinentes varia de associação para associação, conforme as atribuições relacionadas nos estatutos de cada entidade.

Assembléia Geral Ordinária

A assembléia geral é ordinária quando tem por objeto uma das seguintes matérias:

- apresentar e aprovar o relatório e a prestação de contas da Diretoria relativos ao exercício encerrado;
- examinar, analisar e votar as demonstrações financeiras do exercício encerrado;
- deliberar sobre a destinação dos recursos (programa anual de atividades apresentado pela Diretoria);
- eleger os membros da Diretoria e os membros do Conselho Fiscal, quando for o caso.

Anualmente, há no mínimo uma assembléia geral ordinária, no primeiro quadrimestre (conforme o art. 132 da Lei nº 6.404/76, que se aplica por analogia ao caso de associações sem fins lucrativos), para aprovar os balanços e demonstrações contábeis do ano encerrado pela associação.

Assembléia Geral Extraordinária

A assembléia geral é extraordinária nos demais casos não contemplados no item anterior. Convoca-se uma assembléia geral extraordinária sempre que houver necessidade.

A assembléia geral extraordinária e a assembléia geral ordinária podem ser realizadas, cumulativamente, no mesmo local, data e hora, e instrumentadas em ata única.

Em uma folha avulsa, ou no livro próprio, os assistentes assinarão sempre a lista de presença das assembléias, na qual deverá constar o nome dos participantes.

As atas devem ser passadas para o livro respectivo, em ordem cronológica. Ordinariamente, basta que sejam assinadas pelo presidente e pelo secretário da assembléia.

Atas das reuniões da Diretoria

As atas de reunião da Diretoria relatam brevemente os estudos e as decisões dos integrantes da Diretoria, de acordo com as matérias competentes relacionadas nos estatutos da entidade. As reuniões devem ter realizadas com a freqüência necessária para o andamento normal da entidade. As atas podem ser assinadas apenas pelos diretores mencionados nos estatutos. Naturalmente, devem refletir acontecimentos reais da entidade, mencionar assuntos ocorridos, projetos etc.

Atas que devem se registradas

Devem ser registradas no Cartório de Registro de Títulos e Documentos as atas relativas à eleição dos órgãos da administração e aquelas que relatam atos ou decisões significativos que sirvam de comprovante para terceiros.

Esquema comparativo de associações e fundações

Vale lembrar que o termo "instituto" não tem implicações jurídicas e pode constar na denominação de associações ou de fundações. As fundações são designadas obrigatoriamente como fundações, mas podem acrescentar o termo "instituto" à sua denominação.

	Fundação	Associação
1. Natureza	Complexo de bens destinados a fins sociais determinados	Pessoa jurídica de direito privado voltada para a realização de finalidades culturais, sociais, recreativas etc.
2. Origem ou forma de criação	Manifestação de vontade do instituidor, por meio de escritura pública (ou testamento) designando: 1. Os bens que servirão à futura entidade; e 2. Quem irá organizá-la.	Ata de aprovação dos estatutos e eleição de dirigentes
3. Aquisição da personalidade jurídica	1. Lavratura da escritura de instituição; 2. Elaboração de estatuto pelos instituidores; 3. Aprovação do estatuto pelo Ministério Público; 4. Registro do estatuto e respectivas atas em cartório.	Registro do estatuto e respectivas atas em cartório
4. Finalidade ou fins	É permanente, pois, uma vez definida pelo instituidor, não pode ser alterada pelos administradores	Passível de alteração por manifestação dos sócios (geralmente por maioria qualificada, na forma que dispuser o estatuto)
5. Patrimônio	Essencial para a constituição da fundação, deve ser suficiente e compatível com as finalidades da entidade	Não requer patrimônio prévio para sua criação

continua

	Fundação	Associação
6. Modo de administração	Diferencia-se o instituidor do administrador. Órgãos típicos: 1. Conselho curador (delibera e traça diretrizes); 2. Conselho administrativo ou diretoria (executa); 3. Conselho fiscal (fiscaliza internamente)	Órgãos típicos: 1. Assembléia (delibera); 2. Diretoria (executa ou também delibera, conforme dispuser o estatuto); 3. Conselho fiscal (fiscaliza internamente)
7. Controle do Ministério Público (MP)	O MP, por meio de uma promotoria especializada, examina, por exemplo: ❑ a escritura da instituição e a suficiência ou não da dotação de bens inicial; ❑ a adequação ou não das atividades aos fins; ❑ a legalidade e a pertinência dos atos dos administradores; ❑ a aplicação dos recursos financeiros etc.	O MP, genericamente, efetua uma vigilância em caráter suplementar, eventual e *a posteriori*. Por exemplo, pode abrir inquérito civil ou procedimento similar em caso de denúncias de irregularidades.
8. Prestação de contas da atuação	Anualmente, apresenta ao MP relatórios contábeis e circunstanciados das atividades desenvolvidas no período, sem prejuízo de outros relatórios que são encaminhados aos órgãos competentes no caso de a entidade possuir determinados títulos (utilidade pública, certificado de fins filantrópicos)	Apresenta relatórios circunstanciados no caso de a entidade possuir determinados títulos (utilidade pública, certificado de fins filantrópicos)
9. Vantagens/ desvantagens	Segurança em relação à perenidade dos fins desejados pelo(s) instituidor(es). Credibilidade reforçada em função de ter, necessariamente, um controle externo (MP).	Flexibilidade na adaptação da vida institucional a novos fins Autonomia Não exigência de patrimônio prévio

Modelo 1

ATA DE CONSTITUIÇÃO E DE ELEIÇÃO

Ata de constituição, eleição e posse da Diretoria Executiva e do Conselho Fiscal da Associação.........

Aos ...... dias do mês de .... de .... na rua ...., na cidade de ...., estado de ...., com o fim de constituírem uma sociedade sem fins lucrativos e de caráter filantrópico, com o objetivo precípuo de *(descrever objetivo próprio)*, reuniram-se em assembléia geral, atendendo a convocação previamente feita, todos os interessados, maiores e capazes, em realizar este ato de constituição que à entrada assinaram a folha de presença. Inicialmente, os presentes indicaram para presidir a assembléia o Sr. *(nome)* que, tendo aceito, convidou a mim *(nome)* para secretariar o ato. Em seguida, o presidente falou sobre o objetivo da reunião, perguntando aos presentes se isso estava de acordo com a intenção de todos, ao que se deu assentimento unânime. Em seguida, o presidente pediu a aprovação do nome que a entidade terá, ficando decidido que a mesma será denominada: Associação .... Pediu, então, o presidente que se fizesse a leitura e o exame do projeto de estatuto social, o que foi feito em seguida e, após os esclarecimentos necessários, a assembléia aprovou, por unanimidade, este como o estatuto a ser seguido pela entidade. Daqui, por escrutínio, passou-se à eleição da Diretoria e do Conselho Fiscal. Feita a eleição e contados os votos, saíram vencedores os membros constantes da relação anexa, a qual, juntamente com o estatuto social, passa a fazer parte integrante da presente ata. Declarados estes como os eleitos, foram os mesmos neste ato empossados para o *(triêno/biênio)* de ....-.....-.... a ....-....-..... Nada mais havendo a tratar, o presidente agradeceu as presenças e deu por encerrada a sessão, da qual foi lavrada a presente ata, que vai devidamente assinada para que se cumpram os fins legais.

Local e data

____________________ ____________________

Presidente Secretário

RELAÇÃO DA DIRETORIA E DO CONSELHO FISCAL DA ASSOCIAÇÃO ....

Eleitos e empossados em ..... de .... de ...., com mandato de ..... anos

DIRETORIA

1. Presidente: nome, nacionalidade, estado civil, profissão, endereço, RG nº, CPF.
2. Vice-presidente: nome, nacionalidade, estado civil, profissão, endereço, RG nº, CPF.
3. Primeiro-secretário: nome, nacionalidade, estado civil, profissão, endereço, RG nº, CPF.
4. Segundo-secretário: nome, nacionalidade, estado civil, profissão, endereço, RG nº, CPF.
5. Primeiro-tesoureiro: nome, nacionalidade, estado civil, profissão, endereço, RG nº, CPF.
6. Segundo-tesoureiro: nome, nacionalidade, estado civil, profissão, endereço, RG nº, CPF.

CONSELHO FISCAL

Titulares

1. Nome, nacionalidade, estado civil, profissão, endereço, RG nº, CPF.
2. Nome, nacionalidade, estado civil, profissão, endereço, RG nº, CPF.
3. Nome, nacionalidade, estado civil, profissão, endereço, RG nº, CPF.

Suplentes

1. Nome, nacionalidade, estado civil, profissão, endereço, RG nº, CPF.
2. Nome, nacionalidade, estado civil, profissão, endereço, RG nº, CPF.
3. Nome, nacionalidade, estado civil, profissão, endereço, RG nº, CPF.

Modelo 2

ATA DE ASSEMBLÉIA GERAL ORDINÁRIA

Ata de assembléia geral ordinária realizada em ....-....-.... *(data)*, às ... horas, na sede social em São Paulo, na rua ...... nº ...... *(local)*.

PRESENÇA: Associados, representando ...% *(percentual)* dos associados com direito a voto cujas assinaturas constam do livro próprio.

MESA: ________________________ Presidente

________________________ Secretário

ORDEM DO DIA:

1. Apresentação e aprovação do relatório e da prestação de contas da Diretoria, relativos ao exercício de ....;

2. Aprovação do programa anual de atividades apresentado pela Diretoria, relativo ao exercício de ......;

3. Eleição dos membros da Diretoria e do Conselho Fiscal.

DELIBERAÇÕES: (aprovadas por unanimidade)

1. relatório e prestação de contas da Diretoria;

2. programa anual de atividades, mencionado no item 2 da ordem do dia;

3. eleição dos seguintes membros da Diretoria e do Conselho Fiscal, com mandato de dois anos a contar desta data:

Presidente: *(nome)*, *(nacionalidade)*, *(estado civil)*, RG nº............, CPF nº............, residente e domiciliado em São Paulo, na rua .... nº.....;

Vice-presidente: *(nome)*, *(nacionalidade)*, *(estado civil)*, RG nº..........., CPF nº............, residente e domiciliado em São Paulo, na rua .... nº.....;

Primeiro-tesoureiro: *(nome)*, *(nacionalidade)*, *(estado civil)*, RG nº..........., CPF nº............, residente e domiciliado em São Paulo, na rua .... nº.....;

Segundo-tesoureiro: *(nome)*, *(nacionalidade)*, *(estado civil)*, RG nº ...., CPF nº ...., residente e domiciliado em São Paulo, na rua .... nº .....;

continua

Primeiro-secretário: *(nome)*, *(nacionalidade)*, *(estado civil)*, RG nº..........., CPF nº..........., residente e domiciliado em São Paulo, na rua .... nº.....;

Segundo-secretário: *(nome)*, *(nacionalidade)*, *(estado civil)*, RG nº ...., CPF nº ...., residente e domiciliado em São Paulo, na rua .... nº ......

ENCERRAMENTO: Nada mais havendo a tratar, foi encerrada a assembléia e lavrada a presente ata, que, lida e aprovada, é assinada pela totalidade dos membros.

Declaramos que a presente é cópia fiel da original lavrada no livro próprio.

Local e data

____________________ ____________________

Presidente Secretário

Modelo 3
ATA DE ASSEMBLÉIA GERAL EXTRAORDINÁRIA

Ata de assembléia geral extraordinária, realizada em .... de .... de ...., para a realização de reforma e consolidação estatutárias.

Aos ..... dias do mês de ...., em sua sede social, na rua ...., nº ...., às .... horas, reuniram-se todos os associados da Associação ...., convocados que foram previamente, conforme preceito do estatuto social, para discussão e deliberação sobre a execução de reforma estatutária. A assembléia foi presidida por *(nome)* e secretariada por *(nome).* Aberta a sessão, após verificadas e conferidas as presenças, o presidente expôs aos presentes a necessidade de se fazer uma reforma no estatuto, embora nada venha a ser modificado nas suas finalidades e menos ainda no espírito que norteia seus trabalhos e atividades, inspirados que foram nos sentimentos de seus criadores. Todavia, mostrou o presidente que, dada a necessidade de melhor adequá-lo às exigências legais, a fim de poder pleitear inscrições, registros e benefícios em órgãos públicos, o estatuto deverá ser reformado tecnicamente, como esclarecido, em determinados pontos, sendo necessária sua reforma total, o que é permitido por cláusula estatutária. Em seguida o presidente fez a leitura de item por item da proposta, mostrando como passaria a ser o estatuto reformado e consolidado. Todos os itens foram discutidos e por unanimidade aprovados, dando a assembléia a sua anuência para que a Associação .... passe agora a ser vivida e dirigida sob as diretrizes do novo estatuto. Isto posto e devidamente aprovado, redigiu-se esta ata, à qual se junta agora cópia do estatuto social consolidado que deve ser tido como vigente para normatizar as atividades gerais da Associação ...., seguido das assinaturas devidas, para registro no cartório competente e averbações de praxe.

Local e data

_______________________ _______________________

Presidente Secretário

Modelo 4
EXEMPLO DE ATA DE REUNIÃO DA DIRETORIA EXECUTIVA

Ata da reunião da Diretoria Executiva da Associação ...., realizada em .....de.................de..........

Aos ...... dias do mês de .... de ...., em sua sede social na rua ...., nº ...., às ....horas, reuniu-se a Diretoria Executiva da Associação ...., convocada que foi previamente, conforme preceito do estatuto social, tendo a reunião observado a seguinte pauta: a) leitura e aprovação da ata anterior; b) avaliação do andamento do planejamento do ano de ....; c) sugestões de programas para o próximo ano. A reunião foi presidida por *(nome)* e secretariada por *(nome)*.

a) Leitura e aprovação da ata anterior. Foi lida, discutida e aprovada a ata da última reunião, realizada em ....-....-........

b) Avaliação do andamento do planejamento do ano de ...... O presidente fez minucioso relato das atividades desenvolvidas pela Associação....... em ...., salientando que as metas traçadas foram implementadas no limite permitido pela conjuntura econômica e financeira da Associação.......

c) Sugestões para o ano ...... Foram apresentadas algumas, as quais deverão ser incorporadas ao programa de atividades sempre que as circunstâncias o aconselharem.

Nada mais havendo a tratar, o presidente agradeceu a colaboração de todos e deu por encerrada a reunião, da qual foi lavrada a presente ata, que vai devidamente assinada.

Local e data

______________________ ______________________

Presidente Secretário

Modelo 5

ESTATUTO SOCIAL DA ASSOCIAÇÃO (ÁREA DE ASSISTÊNCIA SOCIAL)

Estatuto social da Associação...............

Capítulo I

Da denominação, sede e fins

Artigo 1º — A Associação ...., fundada em ....de ...... de ....., é uma associação civil, de natureza filantrópica, sem fins lucrativos, com duração por tempo indeterminado, com sede e foro no município de ...., estado de ...., na rua .... nº ...., CEP ...., cujas atividades reger-se-ão pelo presente estatuto e pela legislação em vigor.

Artigo 2º — A entidade tem por finalidade: *(finalidades exemplificativas)*

I. Prestar assistência e amparo a famílias carentes, de modo a satisfazer suas necessidades básicas de vestuário, alimentação e higiene;

II. Promover atividades recreativas e culturais;

III. Promover campanhas educativas na área da saúde;

III. Oferecer atendimento médico e odontológico;

IV. Promover cursos profissionalizantes para jovens e adultos;

VI. Realizar parcerias com entidades afins.

Parágrafo único — Para tanto a entidade poderá organizar bazares, promover bingos beneficentes, rifas e sorteios, tudo com expressa obediência à legislação pertinente, objetivando aumentar a receita, a qual será, única e exclusivamente, direcionada para as finalidades sociais às quais a entidade se destina.

Artigo 3º — No desenvolvimento de suas atividades, a entidade não fará qualquer distinção de raça, cor, sexo, condição social, credo político ou religioso.

Parágrafo único — A entidade presta serviços permanentes e sem discriminação de clientela, de acordo com o plano de trabalho aprovado pelo Conselho Nacional de Assistência Social (CNAS).

Artigo 4º — A entidade poderá adotar regimento interno que, se aprovado pela assembléia geral, disciplinará seu funcionamento.

Artigo 5º — A fim de cumprir suas finalidades, a entidade poderá se organizar em tantas unidades quantas forem necessárias, a critério da assembléia geral.

continua

Capítulo II
Dos sócios

Artigo 6º — A entidade será constituída por número ilimitado de sócios, distribuídos em três categorias, a saber:

I. Sócios fundadores — aquelas pessoas físicas, com direito a voto vitalício, que subscreveram a ata de constituição da entidade, presentes na assembléia de fundação;

II. Sócios contribuintes — todas as pessoas, físicas ou jurídicas, que colaborarem para a realização dos objetivos da entidade e contribuírem com quantia financeira de forma espontânea;

III. Sócios participantes — aqueles que participarem ativa e graciosamente das atividades da entidade, oferecendo apoio material e/ou seus serviços;

Parágrafo único — Somente os sócios fundadores e os sócios contribuintes terão voz e voto nas assembléias gerais e poderão ser eleitos para os cargos administrativos da entidade.

Artigo 7º — São deveres dos sócios:

I. Respeitar e observar o presente estatuto, as disposições regimentais e as deliberações da Diretoria e da Assembléia Geral;

II. Prestar à entidade toda a cooperação moral, material e intelectual, e lutar pelo engrandecimento da mesma;

III. Comparecer às assembléias gerais quando convocado, e ainda participar dos grupos designados a promover atividades patrocinadas pela entidade;

IV. Comunicar, por escrito, à Diretoria mudanças de residência;

V. Integrar as comissões para as quais for designado, cumprir os mandatos recebidos e os encargos atribuídos pela Diretoria e/ou Assembléia Geral.

Artigo 8º — São direitos dos sócios:

I. Votar e ser votado para cargos eletivos, observadas as disposições estatutárias;

II. Participar de todos os eventos patrocinados pela entidade;

III. Ter voz e voto nas assembléias gerais, observadas as disposições estatutárias.

continua

Artigo 9º — Os sócios não responderão, nem mesmo subsidiariamente, pelos encargos da entidade, e também não terão qualquer direito no caso de retirada ou exclusão, não recebendo remuneração ou honorários por serviços ou trabalhos realizados.

Artigo 10 — Com o propósito de manter sua total e absoluta independência, a entidade não poderá encampar, defender ou privilegiar os interesses de qualquer entidade com finalidade lucrativa ou promocional.

Capítulo III
Da administração

Artigo 11 — São órgãos administrativos da entidade:

I. Assembléia Geral;

II. Diretoria;

IIII. Conselho Fiscal.

Artigo 12 — A Assembléia Geral, órgão supremo da vontade social, constituir-se-á de sócios em pleno gozo de seus direitos, e que poderão ser eleitos para os cargos da Diretoria e do Conselho Fiscal.

Artigo 13 — Compete à Assembléia Geral:

I. Discutir e deliberar sobre todo e qualquer assunto de interesse da entidade para o qual for convocada;

II. Eleger a Diretoria e os membros do Conselho Fiscal;

III. Decidir pela reforma do estatuto social;

IV. Decidir sobre a extinção da entidade;

V. Decidir sobre a conveniência de alienar, hipotecar ou permutar bens patrimoniais, concedendo autorização à diretoria para tal fim;

VI. Decidir sobre a organização de novas unidades da entidade;

VII. Aprovar a admissão e a exclusão de sócios contribuintes;

VIII. Apreciar o relatório da Diretoria e decidir sobre a aprovação das contas e do balanço anual.

continua

Artigo 14 — A Assembléia Geral reunir-se-á, ORDINARIAMENTE, por convocação do presidente:

I. No primeiro trimestre de cada ano para:

a) apreciar o relatório anual da Diretoria;

b) discutir e aprovar as contas e o balanço anual.

II. A cada três anos, no mês da fundação, para a eleição da Diretoria e do Conselho Fiscal.

Artigo 15 — A Assembléia Geral reunir-se-á, EXTRAORDINARIAMENTE, quando convocada:

I. Pelo presidente;

II. Por requerimento dirigido ao presidente por 2/3 (dois terços) dos sócios contribuintes;

III. A pedido do Conselho Fiscal, dirigido ao presidente da entidade.

Artigo 16 — A Assembléia Geral será convocada para fins determinados, mediante prévio e geral anúncio, através de edital afixado na sede da entidade, por circulares ou outros meios adequados, com antecedência mínima de 10 (dez) dias.

§1º — Qualquer assembléia instalar-se-á em primeira convocação com 2/3 (dois terços) dos sócios e, em segunda convocação, decorridos trinta minutos, com qualquer número.

§2º — As deliberações serão tomadas necessariamente e sempre pelo voto de 2/3 (dois terços) dos sócios presentes para:

I. Alienar, hipotecar ou dar em caução ou permuta bens da entidade;

II. Extinguir a entidade e nomear liquidante;

III. Reformar parcial ou totalmente o presente estatuto.

§3º — Quando a assembléia geral for solicitada pelos sócios, as deliberações tomadas só serão válidas se o número de participantes da mesma não for inferior ao número de assinaturas contidas na solicitação.

§4º — Nos demais casos, as deliberações serão tomadas pela maioria de votos dos sócios presentes.

Artigo 17 — A diretoria, órgão executor e administrativo da entidade, será formada por um presidente, um vice-presidente, um primeiro-secretário, um segundo-secretário, um primeiro-tesoureiro e um segundo-tesoureiro, eleitos pela Assembléia Geral.

continua

§1º — Os diretores, conselheiros, sócios, instituidores, benfeitores ou equivalentes não perceberão remuneração, vantagens ou benefícios, direta ou indiretamente, por qualquer forma ou título, em razão das competências, funções ou atividades que lhes sejam atribuídas pelos respectivos atos constitutivos.

§2º — O mandato da diretoria será de 3 (três) anos, não sendo permitida mais do que uma reeleição sucessiva da totalidade ou de qualquer um de seus membros.

Artigo 18 — Compete à Diretoria:

I. Administrar a entidade;

II. Cumprir e fazer cumprir rigorosamente o estatuto, o regimento interno e as decisões da Assembléia Geral;

III. Elaborar e apresentar à Assembléia Geral o relatório anual;

IV. Nomear comissões especiais e permanentes, grupos de trabalho, convocando para integrá-los membros da Diretoria ou do quadro de sócios;

V. Deliberar sobre a convocação de assembléias gerais;

VI. Aprovar o regimento interno;

VII. Aprovar a admissão e a demissão de funcionários;

VIII. Autorizar a obtenção de empréstimos e a celebração de contratos;

IX. Apresentar à Assembléia Geral as contas e o balanço anual para apreciação e aprovação.

Artigo 19 — A diretoria reunir-se-á:

I. Ordinariamente, uma vez por mês;

II. Extraordinariamente, sempre que necessário.

§1º — As convocações serão feitas pelo presidente ou pela maioria dos diretores.

§2º — Das reuniões lavrar-se-á ata em livro próprio.

Artigo 20 — Compete ao presidente, além do que a Assembléia Geral atribuir-lhe:

I. Zelar com dedicação pelo bom andamento, ordem e prosperidade da entidade;

continua

II. Representar a entidade ativa e passivamente, judicial e extrajudicialmente;

III. Constituir procuradores, aprovados pela Diretoria;

IV. Cumprir e fazer cumprir este estatuto e o regimento interno;

V. Superintender todo o movimento da entidade, coordenando o trabalho dos demais diretores;

VI. Admitir e demitir os empregados e prestadores de serviços da entidade, quando for necessário, observado o disposto no inciso VII do art. 18;

VII. Presidir as assembléias gerais e as reuniões da Diretoria, subscrevendo com o secretário as respectivas atas;

VIII. Nomear os diretores dos departamentos existentes ou que forem criados, para melhorar o desempenho e a coordenação dos trabalhos e atividades desenvolvidos pela entidade;

IX. Autorizar a execução dos planos de trabalho aprovados pela Diretoria;

X. Juntamente com o vice-presidente:

a) autorizar a movimentação de fundos da entidade, abrir e encerrar contas bancárias e movimentá-las;

b) contrair empréstimos;

c) celebrar contratos de interesse da entidade.

XI. Juntamente com o vice-presidente e com a expressa autorização da Assembléia Geral:

a) adquirir bens imóveis e aceitar doações com encargos onerosos;

b) alienar, hipotecar, dar em caução ou permutar bens da entidade.

Artigo 21 — Compete ao vice-presidente:

I. Auxiliar o presidente e substituí-lo em seus impedimentos, ou por delegação de poderes.

II. Juntamente com o presidente:

a) autorizar a movimentação de fundos da entidade, abrir e encerrar contas bancárias e movimentá-las;

b) contrair empréstimos;

c) celebrar contratos de interesse da entidade;

continua

III. Juntamente com o presidente e com a expressa autorização da Assembléia Geral:
a) adquirir bens imóveis e aceitar doações com encargos onerosos;
b) alienar, hipotecar, dar em caução ou permutar bens da entidade.

Artigo 22 — Compete ao primeiro-secretário:

I. Superintender, organizar e dirigir os serviços da secretaria;

II. Ter sob sua guarda livros e arquivos relacionados às suas atribuições;

III. Secretariar as sessões das assembléias gerais e das reuniões da Diretoria, redigir e subscrever as respectivas atas;

IV. Responsabilizar-se pelos serviços de divulgação dos trabalhos sociais, esclarecimentos e relações públicas, mantendo contato e intercâmbio com órgãos de imprensa e comunicação.

Artigo 23 — Compete ao segundo-secretário:

I. Auxiliar o primeiro-secretário e substituí-lo em seus impedimentos ou por delegação de poderes.

Artigo 24 — Compete ao primeiro-tesoureiro:

I. Superintender, organizar e dirigir os serviços de tesouraria, zelando pelo equilíbrio, correção e propriedade orçamentária da entidade;

II. Arrecadar a receita e efetuar o pagamento das despesas;

III. Dirigir e fiscalizar a contabilidade, zelando para que seja feita de forma legal e dentro dos princípios dessa administração, e ter sob sua guarda os livros e documentos necessários para esses fins;

IV. Apresentar, mensalmente, à Diretoria o balanço do movimento da receita e despesa do mês anterior;

V. Guardar, sob sua responsabilidade, todos os valores em moeda ou títulos pertencentes à entidade.

Artigo 25 — Compete ao segundo-tesoureiro:

I. Auxiliar o primeiro-tesoureiro e substituí-lo em seus impedimentos, ou por delegação de poderes.

Artigo 26 — No caso de vacância de um ou mais cargos de diretoria, os substitutos serão escolhidos pela Assembléia Geral, por maioria de votos, e exercerão suas funções até o término do mandato da Diretoria.

continua

Capítulo IV
Do Conselho Fiscal

Artigo 27 — O Conselho Fiscal, órgão fiscalizador da gestão financeira da Diretoria, compõe-se de três membros efetivos e três suplentes, eleitos pela Assembléia Geral entre os sócios.

Artigo 28 — O mandato do Conselho Fiscal será de três anos e coincidirá com o da Diretoria, sendo os cargos de exercício gratuito.

Artigo 29 — Compete ao Conselho Fiscal:

I. Examinar os livros contábeis e demais documentos relativos à escrituração;

II. Verificar o estado do caixa e os valores em depósito;

III. Examinar o relatório da Diretoria e o balanço anual, emitindo parecer para aprovação da Assembléia Geral;

IV. Expor à Assembléia Geral as irregularidades ou erros porventura encontrados, sugerindo as medidas necessárias ao seu saneamento.

Artigo 30 — As contas da Diretoria, cujo mandato se encerra, serão objeto de pareceres do Conselho Fiscal cujo mandato vence na mesma ocasião, mesmo que isso ocorra no primeiro trimestre seguinte.

Capítulo V
Do patrimônio

Artigo 31 — O patrimônio da entidade compor-se-á dos bens móveis e imóveis a ela pertencentes, ou que vierem a ser adquiridos por compra, doação ou legado, contribuições, donativos, auxílios oficiais ou subvenções de qualquer tipo ou natureza.

§1º — A entidade não distribui resultados, dividendos, bonificações, participações ou parcela do seu patrimônio a dirigentes, mantenedores ou associados, sob nenhuma forma ou pretexto.

§2º — Todos os bens, rendas, recursos e eventual resultado operacional serão aplicados integralmente no território nacional e na manutenção e no desenvolvimento dos objetivos institucionais.

§3º — As subvenções e doações recebidas serão integralmente aplicadas nas finalidades a que estejam vinculadas.

continua

§4º — Os recursos advindos dos poderes públicos deverão ser aplicados no município em que a entidade tem sua sede, ou, no caso de haver unidades prestadoras de serviços a ela vinculadas, no âmbito do estado concessor.

§5º — A entidade não constitui patrimônio exclusivo de um grupo determinado de indivíduos, famílias, entidades de classe ou de sociedade sem caráter beneficente de assistência social.

Capítulo VI
Disposições gerais

Artigo 32 — O exercício financeiro coincide com o ano civil.

Artigo 33 — O presente estatuto social poderá ser reformado, no todo ou em parte e em qualquer tempo, por decisão de 2/3 (dois terços) dos sócios, em assembléia geral especialmente convocada para esse fim, e entrará em vigor na data de seu registro em cartório.

Artigo 34 — Os casos omissos no presente estatuto serão resolvidos pela Diretoria e referendados pela Assembléia Geral.

Artigo 35 — A entidade será dissolvida por decisão de assembléia geral extraordinária especialmente convocada para esse fim, quando se tornar impossível a continuação de suas atividades.

Artigo 36 — Em caso de dissolução ou extinção, a entidade destinará o eventual patrimônio remanescente a entidades com fins congêneres, dotadas de personalidade jurídica, com sede e atividades preponderantes no estado de São Paulo, preferencialmente no município de origem, devidamente registradas no Conselho Nacional de Assistência Social (CNAS), e, inexistindo estas, a uma entidade pública, conforme decidir a Assembléia Geral.

Local e data

____________________ ____________________

Presidente Secretário

CAPÍTULO 2

Aspectos das relações de trabalho no terceiro setor

Aspectos gerais

No Brasil, o terceiro setor emprega cerca de 1.120.000 pessoas, de acordo com os dados de uma pesquisa recente.[5] As entidades sem fins lucrativos devem estar aparelhadas para proceder às rotinas trabalhistas e contratar serviços de acordo com o regime jurídico adequado a cada caso — regime de emprego regido pela Consolidação das Leis do Trabalho (CLT), regime de trabalho autônomo, contrato de experiência, contrato de aprendizagem, contrato de trabalho em tempo parcial.

Neste livro abordaremos apenas os aspectos das relações de trabalho específicos do terceiro setor — aqueles relacionados com o trabalho dos dirigentes e dos voluntários. Na seção a seguir, porém, apresentamos uma breve relação das providências a serem tomadas quando da contratação de empregados pelo regime da CLT, que é o regime usual.[6]

Obrigações trabalhistas da entidade

A entidade deve apresentar, em janeiro de cada ano, o formulário Relação Anual de Informações Sociais (Rais), mesmo que não possua nenhum empregado. Nesse caso, a Rais é negativa. Os formulários podem ser comprados em papelarias.

Quando a entidade começar a contratar empregados deve:

---

[5] Landim & Beres (1999).

[6] Para uma abordagem geral do tema, recomendamos o artigo "Modalidades contratuais para gestão de pessoal", de Eduardo Szazi.

- adquirir e registrar na Delegacia Regional do Trabalho o livro de registro de empregados, até no máximo 30 dias após a primeira contratação;
- registrar-se no sindicato representativo da categoria econômica ou profissional que lhe corresponda;
- recolher a contribuição à Previdência Social, o Fundo de Garantia do Tempo de Serviço (FGTS) e o PIS/Pasep, e observar todos os demais encargos trabalhistas;
- entregar anualmente a Rais (não negativa);
- efetuar a matrícula no INSS. Para tanto deve comparecer à delegacia do INSS correspondente ao seu endereço, com o formulário preenchido. Os formulários, em duas vias, podem ser comprados em papelarias. Quando a associação tem empregados contratados a inscrição torna-se obrigatória;
- efetuar o registro sindical patronal: para isso, deve solicitar informações no departamento sindical do Ministério do Trabalho do município em que estiver estabelecida. A entidade pode pertencer ao sindicato que agrupe instituições com finalidades afins às da associação;
- recolher a contribuição sindical: a Portaria nº 1.069, de 26-8-1996, do Ministério do Trabalho revogou a Portaria nº 937/93. Assim, as entidades beneficentes e sem fins lucrativos não estão isentas da contribuição sindical.

Os dirigentes e a possibilidade de remuneração

Considera-se dirigente a pessoa que exerça função ou cargo de direção na entidade e tenha competência para adquirir direitos e assumir obrigações em nome desta, interna ou externamente, ainda que em conjunto com outra pessoa, nos atos em que a instituição seja parte.

Tradicionalmente, a legislação fiscal condiciona o acesso a algumas isenções à proibição de remuneração de dirigentes[7] de entidades sem fins lucrativos.

Não sendo remunerados, os cargos diretivos são ocupados por pessoas:

- que "podem se dar ao luxo" de não ser remuneradas; por exemplo, aposentados. Nesse caso, o critério para a escolha do dirigente passa a ser o da disponibilidade de tempo, critério que dificilmente seleciona a pessoa mais adequada à função;

- que emprestam seu nome, mas não se ocupam efetivamente da gestão da entidade, exercida por outros, que são contratados mas não são formalmente os "dirigentes". Nessa situação os "dirigentes de fato" não correspondem aos "dirigentes de direito". Perde-se agilidade nas decisões. Dilui-se a responsabilidade. A credibilidade da entidade tende a esvaziar-se. Há um conflito estrutural latente;
- que atuam na gestão e cumulativamente prestam serviços à entidade, sendo remunerados a título de serviços prestados, não incluindo os de gestão. Isso dá margem à suspeita de "remuneração disfarçada" ou até mesmo de "distribuição disfarçada de lucros". Nos termos da Instrução Normativa nº 113/98, a remuneração a esse título também não é admitida.

Mas a recente Lei nº 9.790/99 exige que as entidades que queiram pleitear a qualificação de *organizações da sociedade civil de interesse público* disponham expressamente em seus estatutos sobre a possibilidade de remuneração de dirigentes (naturalmente, compatível com os valores de mercado). Isso significa dizer que no estatuto da entidade que pleiteie o título de OSCIP deve constar uma das seguintes alternativas:

- a entidade remunera seus dirigentes;
- a entidade não remunera seus dirigentes;
- reproduzindo os termos da lei, há a "possibilidade" de remunerar, sem constar uma expressa opção pela efetiva remuneração.

Porém, a legislação fiscal continua a condicionar o acesso ao benefício da isenção de impostos — em especial a importante isenção do imposto de renda — à não-remuneração dos dirigentes. Ou seja: se a entidade que quiser se qualificar como OSCIP fizer constar em seu estatuto a efetiva remuneração de seus dirigentes, passará a sofrer a incidência de imposto de renda sobre

---

[7] Sabe-se que, no caso das entidades sem fins lucrativos, a não-incidência do imposto de renda em rigor jurídico não está condicionada à não-remuneração dos dirigentes e, sim, à distribuição de lucros, o que é distinto. De fato, a Constituição Federal instituiu a imunidade de impostos, e a lei complementar que a regula — o Código Tributário Nacional — não impõe esta condição. Portanto, quando a lei ordinária federal ou regulamentos administrativos impõem requisitos não expressos nas normas de hierarquia superior, incidem em inconstitucionalidade ou ilegalidade; no plano lógico-formal, são normas sem eficácia jurídica. Mas, na prática, a teoria é outra, pois as entidades sem fins lucrativos, em sua maioria, não podem pagar advogados especializados em causas tributárias para fazer valer seu direito constitucional de remunerar seus dirigentes.

todas as receitas que auferir. A entidade, portanto, deve fazer uma avaliação custo/benefício para verificar se convém admitir a remuneração de dirigentes.

A exigência de que o estatuto das entidades sem fins lucrativos classificadas como organizações da sociedade civil de interesse público contemple *expressamente* a possibilidade de remuneração de dirigentes seria, precisamente, a maior inovação da Lei nº 9.790/99. Na América Latina, por tradição, os dirigentes de ONGs devem prestar serviços gratuitamente, e os salários pagos no setor do voluntariado são inferiores aos salários pagos no setor de mercado. Ao discutir esse tópico, o *Manual de practicas construtivas en materia de regimen legal aplicable a las ONGs* qualifica essa tradição de "forte e sadia" e afirma que, como tal, "deveria fortalecer-se e manter-se".

A nosso ver, em princípio, caberia a cada organização determinar seus interesses primordiais: em alguns casos, seria preferível pagar remunerações até mesmo elevadas para atrair indivíduos competentes em gestão; em outros, seria mais conveniente manter os fundos da organização. No entanto, na América Latina e em especial no Brasil, o tópico relativo à remuneração de dirigentes tem cunho coercitivo-legal: é vedada a remuneração às entidades que usufruem de benefícios fiscais. Já na recente Lei nº 9.790/99, a menção a esse assunto é obrigatória no caso das entidades que se candidatem à celebração de termos de parceria com o governo. Nota-se, portanto, o quanto a legislação é conformadora das práticas de gestão, que, em princípio, seriam objeto da livre decisão da organização.

A Instrução Normativa nº 113/98 da Receita Federal é clara no que diz respeito a vedar a remuneração de dirigentes, sob pena de perda do gozo da imunidade. Segundo essa instrução normativa, a instituição que atribuir remuneração, a qualquer título, a seus dirigentes, por quaisquer espécies de serviços prestados — inclusive os não relacionados com a função ou o cargo de direção —, sujeita-se à suspensão do gozo da imunidade. Embora essa determinação vá além do disposto pelo Código Tributário Nacional e, portanto, seja judicialmente questionável, é o entendimento que prevalece no âmbito administrativo fazendário.[8]

Não se considera dirigente, por outro lado, a pessoa física que exerça função ou cargo de gerência ou de chefia interna na pessoa jurídica. A Coordenação do Sistema Tributário, em antigo parecer normativo, assim se posicionou em relação a essa questão (PN CST nº 71/73):

---

[8] Ver capítulo 3.

> "Nada obsta... que a instituição imune remunere os serviços necessários à sua manutenção, sobrevivência e funcionamento, como os realizados por administradores, professores e funcionários. Esses pagamentos não desfiguram ou prejudicam o gozo da imunidade, visto que não são vedados por lei, mas é de se exigir, rigorosamente, que a remuneração seja paga tão-somente como contraprestação pela realização de serviços ou execução de trabalhos, sem dar margem a se traduzir tal pagamento em distribuição de parcela do patrimônio ou das rendas da instituição."

A regulamentação do trabalho voluntário

O voluntariado é uma realidade antiga: o setor sem fins lucrativos conta tradicionalmente com a colaboração de voluntários para a realização de suas atividades.

No Brasil, porém, algumas peculiaridades da legislação trabalhista e de sua aplicação pelos tribunais especializados criavam nas entidades o temor de que, futuramente, o voluntário viesse a reclamar direitos trabalhistas. Na legislação brasileira, o vínculo de emprego capaz de gerar tais direitos fica caracterizado quando o trabalhador presta serviços em caráter pessoal, de forma contínua, subordinada e mediante remuneração. O fato de o serviço ser prestado a uma instituição filantrópica ou religiosa não descaracteriza a relação empregatícia. A título de exemplo, citamos o resumo da seguinte decisão de um Tribunal Regional do Trabalho:

> "Relação de emprego — trabalho prestado a instituição religiosa. O simples fato de o trabalho ter sido prestado a instituição religiosa, por si só, não afasta a configuração da relação de emprego. Se o labor é prestado de forma altruísta, caso em que a retribuição se dá apenas no plano moral ou espiritual, o vínculo não se configura. Porém, se na relação de trabalho encontram-se presentes os quatro elementos enumerados pelos arts. 2º e 3º da CLT (pessoalidade, continuidade, subordinação e onerosidade), a qualidade da parte para quem os serviços são prestados é irrelevante, não tendo o condão de impedir a formação do vínculo de emprego."[9]

---

[9] Acórdão da 3ª Turma do TRT da 3ª Região, julgado em 8-7-1998, em que era parte a Obra Social da Paróquia São Benedito. DJ MG 18-8-1998, p. 7.

A ausência de um estatuto jurídico aplicável ao trabalho voluntário dificultava a profissionalização do serviço voluntário por duas razões: a) a entidade não exigia pontualidade, competência, responsabilidade do voluntário, temerosa de que a exigência pudesse vir a caracterizar a *subordinação* típica da relação de emprego; b) a entidade resistia a efetuar qualquer ajuda de custos, embora justificável em muitos casos, receosa de caracterizar a *remuneração*, outro elemento típico da relação de emprego.

Com esse pano de fundo, a edição da Lei nº 9.608, de 18-2-1998, pode ser considerada um marco importante e é por si mesma um indicador da crescente importância atribuída pelo governo ao terceiro setor. Constitui ainda um indutor legal para que as entidades aprendam a lidar "profissionalmente" com o serviço voluntário.

A lei — bastante singela — estabelece simplesmente que o voluntário deve assinar um breve "termo de adesão" que estabeleça a natureza do vínculo entre as partes e as condições em que o serviço será prestado. Além disso, prevê expressamente a possibilidade de o voluntário receber ajuda de custo, em função de despesas de transporte, alimentação ou de outra natureza, sem caracterizar, com isso, uma relação de emprego.

Sob o aspecto de gestão, a responsabilidade pelo trabalho voluntário recai fortemente sobre a entidade, no momento da admissão de um voluntário. E a exigência de horário, qualidade, desempenho é em verdade um fator de motivação do voluntário, assim como a possibilidade de ressarcimento de determinadas despesas a título de ajuda de custo.

A segurança jurídica propiciada pelo termo de adesão pode ajudar a superar a mentalidade de que o voluntário "está prestando um favor" e portanto não pode ser exigido, ou de que voluntário é aquele que trabalha "quando" quer. Na verdade, deve-se entender por voluntário aquele que trabalha "porque quer", sem prejuízo do sentido profissional esperado em qualquer outro trabalho.

Fica, porém, um alerta: a ajuda de custo que o "termo de adesão" autoriza há de ser efetivamente proporcional a eventuais despesas de alimentação e transporte. O que a isso ultrapassar pode caracterizar remuneração e, nesse caso, sujeitar a entidade a demandas trabalhistas. O "termo de adesão" não previne, por si só, este risco se não corresponder à real situação de serviço voluntário.

Modelo

Termo de Adesão de Voluntário

Termo de adesão que, com amparo na Lei nº 9.608, de 18-2-1998, fazem entre si:

A Associação ...., com sede na rua ...., nº....., da cidade de ...., estado de ...., inscrita no CNPJ sob o nº ......, neste ato representada por seu presidente, Sr. ...., doravante denominada ENTIDADE e

Sr. *(nome, nacionalidade, estado civil, profissão),* residente e domiciliado na rua ...., nº......, na cidade de ...., estado de ...., doravante denominado PRESTADOR DE SERVIÇO VOLUNTÁRIO.

Por meio do presente termo o prestador de serviços se compromete a prestar **serviço voluntário** à Associação............................, sem ter com ela qualquer vínculo empregatício nem obrigação de natureza trabalhista, previdenciária ou afim. Esse serviço voluntário terá como objetivo e condições o que segue articulado:

1. Tipo de trabalho que o PRESTADOR DE SERVIÇO VOLUNTÁRIO deverá exercer;
2. Local onde o exercerá;
3. Dias da semana em que o fará;
4. Horário da atividade;
5. O que mais convenha declarar como condição de seu exercício;
6. Sempre que forem feitas despesas a serem ressarcidas, as mesmas devem previamente ser autorizadas pela entidade.

Outrossim, ajustam que a prestação de serviço voluntário é por tempo indeterminado e qualquer das partes poderá rescindir o presente instrumento, a qualquer momento, sem prévio aviso.

Registro, como informação para meu *curriculum* na casa, que sou PRESTADOR DE SERVIÇO VOLUNTÁRIO à Associação .... desde ....-......-.......

E assim, por estarem absolutamente acordadas com o exposto neste instrumento, assinam as partes este documento em 3 (três) vias de igual teor e forma, juntamente com as testemunhas a tudo presentes.

Local e data

____

Associação

____

Prestador de serviço voluntário

Testemunhas

____

Nome e nº RG

____

Nome e nº RG

CAPÍTULO 3

A imunidade e a isenção de impostos

Introdução

Tendo em vista a finalidade pública das entidades sem fins lucrativos, que em sua atuação tradicional suprem ou complementam a ação do Estado, a Constituição Federal — fundamento da ordem jurídica vigente — reconhece a determinadas espécies de entidades sem fins lucrativos a *imunidade fiscal.*

A imunidade é uma forma de não-incidência, pela supressão da competência, do poder de tributar. Assim, certos fatos, pessoas ou situações imunes à tributação estão fora do campo de incidência, isto é, não podem ser tributados, desde que atendam a determinados pressupostos ou requisitos assentes na Constituição Federal, que, conforme o caso, remete à lei complementar a regulação desses requisitos.[10] Assim, estritamente falando, imunidade não é renúncia, é limitação imposta ao Estado pela própria Constituição. O Estado, assim, está impedido de tributar os fatos, pessoas ou situações definidos como imunes.

O gênero "tributo" desdobra-se em espécies tributárias, que são os impostos, as contribuições e as taxas. A Constituição estabelece a imunidade dos impostos e das contribuições sociais, mas não concede imunidade das taxas. Porém, cada ente tributante — União, estados, municípios — pode conceder, por lei ordinária, no âmbito de sua competência, isenções ou reduções de taxa.

No âmbito das entidades sem fins lucrativos, a Constituição torna imune a *impostos* as *instituições de educação* e de *assistência social.* Em outro dis-

---

[10] Lei complementar é uma lei que requer maioria absoluta na Câmara e no Senado para ser aprovada. Por isso, não é fácil aprovar ou modificar uma lei complementar. Em matéria tributária, a lei complementar fundamental é o Código Tributário Nacional.

positivo, *isenta* (quando deveria dizer imuniza[11]) da *contribuição social* as *entidades beneficentes de assistência social*. Neste capítulo, vamos nos limitar ao exame da imunidade de impostos, deixando para o próximo capítulo o exame da imunidade de contribuições.

A facilidade de acesso a benefícios fiscais foi apontada como razão para a criação de entidades existentes "só no papel". Em 1993, a CPI do Orçamento revelou um amplo esquema de corrupção envolvendo verbas públicas destinadas a associações sem fins lucrativos, mediante não só imunidades e isenções mas também auxílios e subvenções específicas em rubricas orçamentárias. De fato, a facilidade de acesso a tais benefícios é um fator de estímulo à "patologia" do setor sem fins lucrativos, cunhando termos como "entidades-fantasma" e "pilantropia". Não obstante, a legislação tem dificultado o acesso a tais benefícios, de modo que inúmeras entidades de pequeno porte — como centros sociais paroquiais —, que, em condições precárias, realizam atividades de inegável valor e impacto social, não obtêm muitas vezes qualquer compensação fiscal.

A imunidade de impostos na Constituição e na Lei Complementar

A imunidade tributária consta na Constituição Federal nos seguintes termos:

> "Art. 150. Sem prejuízo de outras garantias asseguradas ao contribuinte, é vedado à União, aos estados, ao Distrito Federal e aos municípios:
>
> VI — instituir impostos sobre:
>
> a) ...
>
> b) ...
>
> c) patrimônio, renda ou serviços dos partidos políticos, inclusive suas fundações, das entidades sindicais dos trabalhadores, das instituições de educação e de assistência social, sem fins lucrativos, atendidos os requisitos da lei;

---

[11] A imprópria denominação do instituto (isenção, em vez de imunidade) não afeta sua natureza jurídica. O Supremo Tribunal Federal já se manifestou no sentido de reconhecer o caráter de imunidade à *isenção* da contribuição para a seguridade social prevista no art. 195 (RE em MS nº 22.192-9-DF-STF 1ª T — DJ de 19-12-1996).

> §4º As vedações expressas no inciso VI, alíneas b e c, compreendem somente o patrimônio, a renda e os serviços relacionados com as finalidades essenciais das entidades nelas mencionadas."

Este artigo estabelece o princípio da imunidade tributária, assegurando a não-incidência de impostos às instituições beneficentes, por entender que todo o seu patrimônio, rendas ou serviços já estão destinados a preencher funções complementares às atribuições essenciais do Estado.

Note-se que a imunidade tributária alcança apenas os impostos cujo fato gerador seja *renda, patrimônio* ou *serviços*. Se assim não fosse, poder-se-ia ampliar o seu alcance de maneira a atingir todas as espécies de impostos existentes, já que, indiretamente, seus fatos geradores sempre estarão vinculados a algum daqueles termos.

A imunidade fiscal implica uma limitação ao ente tributante, que não pode instituir impostos sobre a renda, o patrimônio e os serviços das instituições em exame. A respeito, dispõe o art. 146, inciso III da Constituição Federal:

> "Art. 146. Cabe à lei complementar:
> (...)
> II — regular as limitações constitucionais ao poder de tributar;
> (...)"

Para que as entidades gozem de imunidade, a lei complementar — que é o Código Tributário Nacional — estabelece os pressupostos constantes em seu art. 14 (com a redação dada pelo art. 1º da Lei Complementar nº 104, de 10-1-2001):

> "I — *Não distribuírem qualquer parcela de seu patrimônio ou de suas rendas, a qualquer título*;
> II — aplicarem integralmente, no país, os seus recursos na manutenção dos seus objetivos institucionais;
> III — manterem escrituração de suas receitas e despesas em livros revestidos de formalidades capazes de assegurar sua exatidão."

Assim, são três as condições para que uma entidade usufrua de imunidade constitucional:

> 1. A primeira é a não-distribuição de lucros. Por outro lado, as entidades imunes não estão proibidas de, através dos preços de seus serviços

e produtos, obter receitas destinadas à sua expansão e manutenção; o que a lei proíbe é a distribuição dessas receitas a título de lucros ou dividendos aos seus fundadores, administradores ou mantenedores.

2. A segunda é a proibição de remessa de receitas ao exterior. Permite-se, porém, que a entidade, na consecução dos seus objetivos sociais, importe, por exemplo, aparelhos, livros etc., desde que sejam utilizados exclusivamente no Brasil.

3. A terceira exige que as entidades mantenham os livros de escrituração contábil em perfeita ordem e clareza, bem como a apresentação periódica de suas contas, extratos, balanços etc.

A entidade que não cumprir os requisitos acima elencados pode ter sua imunidade suspensa (Código Tributário Nacional, art. 14, §1º). A cassação da imunidade, entretanto, só se apurará através de processo judicial.

A imunidade de impostos na prática

De acordo com os requisitos anteriormente elencados, o acesso à imunidade de *impostos* seria, em tese, bastante fácil: as associações sem fins lucrativos classificam-se perante o Cadastro Nacional de Pessoas Jurídicas do Ministério da Fazenda, mediante apresentação do estatuto devidamente registrado em cartório. Esse cadastramento faz presumir o *status* de entidade imune, isto é, não alcançada por impostos nos âmbitos federal, estadual e municipal.

No entanto, na prática, devido à regulamentação que a União, os estados e os municípios têm dado aos impostos de sua competência, verifica-se que as entidades devem travar uma autêntica "batalha burocrática" para ver reconhecido o direito à imunidade que a Constituição e a lei complementar (o Código Tributário Nacional) asseguram com relativa facilidade.

Assim, por exemplo, no âmbito da União, a legislação do imposto de renda impõe, além dos requisitos do art. 14 do Código Tributário Nacional, a vedação à remuneração de dirigentes. No âmbito de competência estadual ou municipal, a legislação por vezes condiciona a imunidade à obtenção do título de utilidade pública estadual ou municipal.

Trata-se de exigências inconstitucionais, pois a imunidade é um direito assegurado pela Constituição às entidades sem fins lucrativos que observam os requisitos do Código Tributário Nacional, e não um favor ou uma concessão do ente tributante, que poderia restringi-lo de acordo com critérios mais ou menos arbitrários. Isso nos remete exatamente à distinção entre imunidade e isenção.

Distinção entre imunidade e isenção

A imunidade é uma limitação à competência de instituir tributos e somente pode provir de um dispositivo previsto na Constituição Federal. A imunidade não é apenas uma dispensa da cobrança de um imposto, mas uma proibição para o legislador, que não pode instituir imposto sobre fatos imunizados.

Em outro plano estão as isenções fiscais, estas, sim, uma espécie de renúncia fiscal. O Estado pode tributar, mas renuncia a tanto, em função de razões específicas. As imunidades constam da Constituição; as isenções são concedidas em lei ordinária, constituindo uma dispensa do pagamento do tributo devido, ou, como declara o artigo 175, inciso I, do Código Tributário Nacional, uma exclusão do crédito tributário, uma parte liberada dentro do campo de incidência, que poderá ser aumentada, diminuída ou suprimida pela lei ordinária.

Não se pode, pois, confundir imunidade com isenção. Na isenção o imposto é devido porque se verifica a obrigação de pagar um tributo instituído pela lei, mas, mediante a isenção, o próprio poder que tributou concede a dispensa do pagamento do imposto:

- por um prazo;
- em condições determinadas;
- para o caso requerido ao órgão que o exige.

Na isenção, existe a obrigação de pagar, porque ocorreu o fato que gera o pagamento do imposto, mas a autoridade pode, por algum motivo, isentar o seu pagamento.

Muitas vezes, porém, os legisladores concedem "isenções" que na verdade são imunidades asseguradas na Constituição, e além disso criam condições para o acesso a tais isenções que vão além daqueles requisitos que a lei complementar (o Código Tributário Nacional) estabeleceu.

O fim não-lucrativo e a obtenção de lucros: distinção

Segundo a Instrução Normativa nº 113/98, "considera-se entidade sem fins lucrativos a que não apresente superávit em suas contas ou, caso o apresente em determinado exercício, destine o referido resultado, integralmente, à manutenção e ao desenvolvimento de seus objetivos sociais".

Nota-se na redação um equívoco claro: não é o déficit ou o superávit, o lucro ou o prejuízo, o que caracteriza a finalidade lucrativa e, sim, a destinação ou aplicação do resultado financeiro.

Uma entidade sem fins lucrativos pode e deve auferir receitas e, se estas superarem as despesas, hão de ser aplicadas em projetos da entidade, que pode contar com um fundo institucional destinado a tanto. O que a entidade não pode fazer é distribuir qualquer parcela de sua receita a título de lucro ou participação nos resultados a seus sócios.

Nada impede, pois, que a entidade preste serviços ou proceda, em determinadas circunstâncias, à venda de mercadorias. Essas atividades, porém, exigirão algumas providências de tipo fiscal, esclarecidas nas seções a seguir.

A questão da venda de mercadorias

Na Constituição Federal e na lei complementar não há qualquer vedação a que as entidades sem fins lucrativos realizem venda de mercadorias de sua fabricação ou prestação de serviços. Mas, para que a entidade faça jus à imunidade fiscal, é necessário que as receitas provenientes dessas atividades sejam aplicadas nos fins da instituição e, obviamente, não sejam distribuídas a título de lucro.

Convém, entretanto, que o estatuto da entidade preveja, se for o caso, a realização dessas atividades com clareza suficiente para situá-las como um meio, e não como uma das finalidades sociais. O volume e as circunstâncias em que as instituições sem fins lucrativos realizam essas atividades não podem caracterizar "concorrência desleal" em relação ao setor empresarial que as desenvolve sem benefícios fiscais.

A legislação definiu como contribuinte do imposto incidente sobre a circulação de mercadorias qualquer pessoa, física ou jurídica, que realize, com habitualidade ou em volume que caracterize intuito comercial, operações de circulação de mercadorias (ou prestação de serviços de transporte interestadual ou intermunicipal e de comunicação).

Ocorre, porém, que o imposto incidente sobre a venda de mercadoria — o ICMS — tem determinadas características que o colocam fora do alcance da imunidade. São elas:

- ICMS incide sobre a circulação de mercadorias, e não sobre a renda, o patrimônio ou os serviços, que são as hipóteses alcançadas pela imunidade;
- contribuinte "de fato" do ICMS é o comprador, e não o vendedor da mercadoria.

Desse modo, a jurisprudência[12] predominante não tem reconhecido às entidades sem fins lucrativos que realizam venda de mercadorias o direito à imunidade em relação ao ICMS. A título de exemplo, reproduzimos abaixo o teor de duas decisões de tribunais superiores:

> ICMS — Imunidade — Entidade de assistência social que fabrica e comercializa calçados — Exclusão
>
> "Imunidade tributária. ICMS. Entidade de assistência social que comercializa calçados de sua fabricação. A imunidade prevista no art. 150, VI, c, da Constituição Federal, em favor das instituições de assistência social, não se estende ao ICMS incidente sobre os bens por elas fabricados, que é pago pelo consumidor, posto que embutido no preço. Jurisprudência do Supremo Tribunal Federal. Recurso não conhecido."[13]
>
> ICMS — Imunidade — Venda de bens fabricados por entidades filantrópicas — Não abrangência
>
> Despacho
>
> "(...) Trata-se de embargos opostos à execução fiscal por débito de ICMS declarado e não pago. Sustenta a embargante, ora recorrente, que na sua atividade de vendedora de calçados que fabrica está no abrigo da imunidade prevista no art. 150, inciso VI, letra 'c', da Constituição Federal, no que se refere ao ICMS, porque os valores assim obtidos são aplicados exclusivamente no país, para a manutenção das entidades sociais que criou. Conquanto a questão não seja pacífica na jurisprudência, tem-se que não assiste razão à recorrente nesse ponto. Assim é que na antiga Colenda Décima Câmara Civil deste Egrégio Tribunal de Justiça, em venerando acórdão de que foi relator o eminente desembarga-

---

[12] Denomina-se jurisprudência ao conjunto de decisões judiciais que orientam o intérprete da lei.

[13] Acórdão unânime da 1ª Turma do Supremo Tribunal Federal — RE — 189.912-3-SP — Rel. min. Ilmar Galvão — j. 26.03.99 — Recte.: Assistência Social Assembléia de Deus; Recdo.: Estado de São Paulo — DJU de 25-6-1999, p. 28 — ementa oficial).

dor Ralpho Oliveira, entendeu-se, em caso análogo que *o ICM não grava o patrimônio, nem as rendas, nem os serviços do Sesi. Ele recai sobre a comercialização de bens de consumo e é, na verdade, pago pelo consumidor* (JTJ 149/74). No mesmo sentido, venerando acórdão da Colenda Segunda Câmara de Férias de Julho de 1995, proferido em grau de embargos infringentes publicado na RT 733/219, de que foi relator o eminente desembargador Borelli Machado, em que se consignou que *o STF já tomou a orientação de que o tributo, em casos como o da embargante, não grava o patrimônio, as rendas ou serviços, mas recai sobre a comercialização de bens de consumo, sendo suportados pelo consumidor* (RTJ 133/857 e RT 664/195). E é de trazer ainda à colocação venerando acórdão da Colenda Primeira Turma do Egrégio Supremo Tribunal Federal de que foi relator o excelentíssimo sr. ministro Ilmar Galvão, cuja ementa é do seguinte teor: *exigência fiscal que, incidindo sobre bens produzidos e fabricados pela entidade assistencial, não ofende a imunidade tributária que lhe é assegurada na Constituição, visto repercutir o referido ônus, economicamente, no consumidor, vale dizer, no contribuinte de fato do tributo que se acha embutido no preço do bem adquirido* (RT 734/226). Assim, no caso, era de rigor o decreto de improcedência dos embargos à execução fiscal."[14]

Isenção na venda de mercadorias

Como visto, a legislação e a jurisprudência não reconhecem a imunidade do ICMS, mas muitos estados, em sua legislação, concedem isenção do ICMS às operações realizadas por entidades sem fins lucrativos.

A título de exemplo, citamos a legislação do estado de São Paulo, que concede isenção à saída de mercadoria de produção própria promovida por instituição de assistência social ou de educação, nos termos do item 48 da Tabela I do Anexo I do Regulamento do ICMS, aprovado pelo Decreto nº 33.118/91.

Em São Paulo, o benefício da isenção está condicionado a determinados requisitos, a saber:

- a entidade não ter finalidade lucrativa e sua renda líquida ser integralmente aplicada na manutenção de seus objetivos assistenciais ou educa-

---

[14] *Revista Dialética de Direito Tributário*, n. 19, p. 123.

cionais no país, sem distribuição de qualquer parcela a título de lucro ou de participação;

- valor das vendas de mercadorias da espécie, realizadas pela beneficiária no ano anterior, não ter ultrapassado o limite estabelecido para a isenção das microempresas;[15]
- a isenção ser reconhecida pela Secretaria da Fazenda, a requerimento da interessada.

Na saída de mercadoria isenta, a entidade deve emitir nota fiscal com todos os requisitos exigidos e, em especial, com os seguintes dizeres:

"Isenção do ICMS — Item 48 da Tabela I do Anexo I do RICMS/91."

Mediante autorização do Fisco, a emissão de documento fiscal pode até ser dispensada na saída de mercadoria isenta ou não-tributada. A entidade interessada pode solicitar a referida dispensa em requerimento dirigido à Diretoria Executiva da Administração Tributária (Deat), tendo como fundamento o art. 184 do RICMS.

Recomenda-se, assim, às entidades sem fins lucrativos que costumam realizar operações de natureza comercial a obtenção das informações pertinentes junto à Secretaria da Fazenda de seu estado.

Tabelas de imunidade e isenção de impostos

Apresentamos a seguir tabelas simplificadas de imunidade e isenção de impostos de competência federal, estadual e municipal. O objetivo é chamar a atenção para os benefícios fiscais que a entidade pode obter — por exemplo, a imunidade do IPVA do automóvel de propriedade da entidade. Para tanto destacamos a natureza do benefício — imunidade ou isenção — e os fundamentos legais de sua concessão.

Destacamos, na seqüência de cada quadro, decisões judiciais particularmente significativas com relação ao imposto tratado, a fim de ilustrar possíveis controvérsias referentes à imunidade ou à isenção existente em cada caso.

---

[15] Considera-se microempresa aquela que (entre outros requisitos) auferir, durante o ano, receita bruta igual ou inferior a R$83.700,00.

IMUNIDADE A IMPOSTOS: ASPECTOS GERAIS

Imunidade	Abrange impostos sobre o patrimônio, a renda e os serviços* relacionados às finalidades essenciais das entidades
Fundamento legal	CF art. 150, VI, c; CTN, art. 14
Requisitos gerais	❑ não distribuir parcela de seu patrimônio ou de suas rendas a título de participação em seu resultado; ❑ aplicar integralmente no país os recursos de que dispõe para a manutenção de seus objetivos; ❑ manter escrituração de suas receitas e despesas em livros revestidos de formalidades capazes de assegurar sua exatidão.
Impostos abrangidos	Sobre o patrimônio: IPTU, ITR, ITCD, ITBI, IPVA Sobre a renda: IR Sobre os serviços: ICMS incidente sobre serviços de transporte e comunicação ISS
Aplicações	Não-incidência de impostos nos âmbitos federal, estadual e municipal

* Imunidade — instituição de educação.

"Instituição de Educação — Imunidade — A imunidade não é uma renúncia ao direito de tributar, mas uma limitação constitucional, cujas normas devem sofrer uma exegese ampliativa, pois não se pode restringir o alcance da Constituição. A norma constitucional não é auto-aplicável, razão pela qual devem ser observados os requisitos fixados no art. 14 do Código Tributário Nacional, os quais, uma vez atendidos, ocasionam a aplicação dessa não-incidência tributária constitucional" (Acórdão nº CSRF/01-02.368 — Relatora Maria Ilca de Castro Lemos Diniz — DOU 1 DE 31-3-1999, p. 12 — RDDT 45:220).

RECONHECIMENTO DE IMUNIDADE/ISENÇÃO A IMPOSTOS FEDERAIS

Imposto de renda (IR)

Natureza	Imunidade
Fundamento legal	CF, art. 150, inc. VI, c; CTN, art. 14
Órgão a que se dirigir	Secretaria da Receita Federal
Requisitos específicos para usufruir o benefício	❑ não-remuneração de dirigentes, observado que não se considera remuneração a gratificação paga a associado eleito para cargo da administração sindical ou representação profissional, desde que não exceda a importância que recebia no exercício da respectiva profissão; ❑ não-distribuição de qualquer parcela de seu patrimônio ou de suas rendas a título de lucro ou participação no resultado; ❑ aplicação integral de seus recursos no país na manutenção e no desenvolvimento de seus objetivos institucionais; ❑ recolhimento dos tributos devidos sobre os rendimentos pagos ou creditados; ❑ entrega, anual, de declaração de isenção; ❑ manutenção de escrituração de receitas e despesas em livros revestidos de formalidades capazes de assegurar a sua exatidão; ❑ apresentação de declaração de contribuições e tributos federais (DCTF), com informações relativas ao imposto de renda retido na fonte (IRRF), se tiver efetuado pagamento ou crédito de rendimentos

continua

Obrigações acessórias para a manutenção do reconhecimento	❑ registrar livro diário e razão no Cartório de Registro de Pessoas Jurídicas; ❑ numerar as páginas desses livros, a tinta, sem rasuras, na ordem cronológica dos fatos contábeis, prestando informações mínimas para a correta indicação da origem e do destino da transação efetuada; ❑ mantê-los ordenadamente, em arquivo na sede da entidade ou no escritório do contabilista, por prazo indeterminado, pois poderão servir de prova do cumprimento de obrigações da entidade para com o Fisco; ❑ Se a própria entidade for a fonte pagadora, está obrigada a recolher mensalmente o IR devido pelos beneficiários dos pagamentos (ainda que deixe de reter o imposto, continuará responsável por seu recolhimento). Apresentar a declaração de informação de retenção na fonte (DIRF) nos prazos fixados pela Secretaria da Receita Federal.
Aplicações	❑ Suas rendas não sofrem a incidência do imposto de renda; ❑ Dispensa da entrega da declaração de rendimentos da pessoa jurídica, substituída pela declaração de isenção do imposto de renda (formulário simplificado); ❑ Seus rendimentos e ganhos de capital auferidos em aplicações financeiras de renda fixa ou renda variável (do imposto de renda na fonte) estão imunes a tributação.*

* A Lei nº 9.532, de 10-12-1997, no §1º do artigo 12, exclui desse benefício os rendimentos e ganhos de capital auferidos em aplicações financeiras de renda fixa ou de renda variável. Todavia, temporariamente, as entidades de assistência social, educacional e da área de saúde estão dispensadas de pagar imposto de renda sobre suas aplicações financeiras, por força de liminar concedida pelo Supremo Tribunal Federal em mandado de segurança impetrado pela Confederação Nacional de Saúde. Com efeito, a realização de aplicações financeiras — não sendo aplicações de risco — é em muitos casos uma exigência da boa administração, e o gestor de uma entidade sem fins lucrativos tem o dever de utilizar os meios a seu dispor para proteger as receitas e o patrimônio da entidade. Como bem observou a desembargadora Lúcia Figueiredo, em despacho relativo à inconstitucionalidade da Lei nº 9.532/97, "não será o fato de a entidade auferir renda proveniente de aplicações financeiras, porém com o fito único de revertê-la em suas atividades essenciais, que desnaturaria a possibilidade de enquadramento na regra constitucional" (de imunidade) (DJU 2 de 16-7-1998, p. 87, na *Revista Dialética de Direito Tributário*, n. 36, p. 183).

Imposto territorial rural (ITR)

Natureza	Imunidade
Fundamento legal	CF, art. 150, inc. VI, c; CTN, art. 14
Requisitos específicos para usufruir o benefício	A propriedade rural da entidade deve estar relacionada a suas atividades essenciais; ou as receitas oriundas de locação devem ser aplicadas nas finalidades sociais
Aplicações	Não-incidência do ITR

Imposto sobre produtos industrializados (IPI)

Natureza	Isenção
Fundamento legal	CF, art. 150, inc. VI, c; CTN, art. 14* Lei nº 4.502/64 Decreto nº 2.637, de 25-6-1998, art. 48, I
Requisitos específicos para usufruir o benefício	Produtos industrializados por instituições de educação ou de assistência social, quando se destinem, exclusivamente, a uso próprio ou a distribuição gratuita a seus educandos e assistidos, no cumprimento das finalidades da entidade
Observação específica	O RIPI disciplina também outras isenções incidentes sobre determinados produtos que eventualmente poderão ser objeto de fabricação por entidades do terceiro setor
Aplicações	Não-incidência do IPI

* Imunidade — Fundação Pública — IPI e imposto de importação alcançados.

"A imunidade do artigo 150, inciso VI, letra "a" e §20 da Constituição Federal alcança os impostos de Importação e sobre Produtos Industrializados, de vez que a significação do termo 'patrimônio' não é a contida na classificação dos impostos adotada pelo CTN, mas sim a do art. 57 do Código Civil, que congrega o conjunto de todos os bens e direitos, à guisa do comando normativo do art. 110 do próprio CTN. Recurso Especial Provido" (Acórdão nº CSRF/3-02.898 — Recorrente: Fundação Padre Anchieta/Centro Paul. de Rádio e TV Educ.; Recorrida: Segunda Câmara do Terceiro Conselho de Contribuintes; Interessada: Fazenda Nacional — Sessão de 24-8-1998 — Relator Nilton Luiz Bartoli — RDDT 45: 219/220).

Imposto de importação (II)

Natureza	Concessão de isenção ou redução do imposto de importação nas operações de importação realizadas por instituições de educação ou de assistência social.*
Fundamento legal	CF, art. 150, inc. VI, c; CTN, art. 14 Lei nº 8.032, de 12-4-1990, art. 2º, inc. I, alínea a; Decreto Federal nº 91.030, de 5-3-1985, art. 149, III e 152, III
Requisitos específicos para usufruir o benefício	não distribuírem qualquer parcela do seu patrimônio ou de suas rendas a título de lucro ou de participação no resultado; aplicarem integralmente no país os recursos destinados à manutenção de seus objetivos institucionais; manterem escrituração de suas receitas e despesas em livros revestidos de formalidades capazes de assegurar a sua exatidão; a natureza, qualidade e quantidade dos bens corresponderem às finalidades para os quais foram importados; estarem as finalidades para as quais os bens foram importados enquadradas nos objetivos institucionais das entidades, previstos nos respectivos estatutos ou atos constitutivos; no caso de material médico-hospitalar, anuência do Ministério da Saúde, e, nos demais casos, do Ministério da Educação; no caso de bens importados por instituições científicas, estes deverão constar de projeto de pesquisa aprovado pelo Conselho Nacional de Desenvolvimento Científico e Tecnológico.
Aplicações	Não-incidência do imposto de importação

* As instituições de assistência social devem solicitar manifestação favorável do CNAS, conforme Resolução CNAS nº 20, de 6-2-1997.

Imposto de importação/exportação de equipamentos doados a entidade filantrópica — procedimento burocrático — observância

"Tributário — Importação — Entidade filantrópica — Equipamentos doados. 1. Embora destinatária, em tese, de isenção de impostos sobre bens estrangeiros doados para a consecução de suas finalidades não-lucrativas, obedece à liberação a procedimento próprio e burocrático. 2. Isenção que se encontra prevista em lei, no que toca às exigências de natureza procedimental. 3. Recurso e remessa oficial providos." (Ac un da 4ª T do TRF da 1ª R — MAS 1997.01.00.063835-4/BA — Rel. Juíza Eliana Calmon — j. 9-2-1999 — Apte.: Fazenda Nacional; Apda.: Associação de Assistência à Saúde, à Maternidade e à Infância de Nova Canaã — DJU 2, 7-5-1999, p. 250 — ementa oficial).

Imposto de exportação (IE)

Natureza	Isenção
Fundamento legal	CF, art. 150, inc. VI, c; CTN, art. 14 Decreto-lei nº 1.578, de 11-10-1977*

* Este decreto-lei definiu como exportador qualquer pessoa que promova a saída de produto do território nacional, não havendo a concessão de qualquer benefício a entidades do terceiro setor. Todavia, tendo em vista o interesse do governo brasileiro no aumento das exportações, o imposto está atualmente com alíquota zero.

Imposto sobre operações de crédito, câmbio e seguro (IOC)

Natureza	Isenção
Fundamento legal	CF, art. 150, inc. VI, c; CTN, art. 14 Decreto-lei nº 1.738, de 18-4-1980, art. 2º*

* Este decreto-lei definiu como contribuinte os tomadores de crédito, os segurados, os compradores de moeda estrangeira e os adquirentes de títulos e valores mobiliários. Por não distinguir a natureza jurídica do contribuinte, não excluiu as entidades do seu pagamento. Suas alíquotas variam de acordo com a transação realizada.

Imposto sobre operações financeiras (IOF)

Natureza	Isenção
Fundamento legal	CF, art. 150, inc. VI, c; CTN, art. 14 Lei nº 5.143, de 20-10-1966*

* A legislação do IOF não concedeu qualquer benefício às entidades do terceiro setor, que o pagam, como qualquer pessoa jurídica, sempre que realizam alguma operação financeira sujeita ao imposto.

IMUNIDADE/ISENÇÃO A TRIBUTOS ESTADUAIS

Imposto sobre a circulação de mercadorias e serviços de transporte intermunicipal, interestadual e de comunicações (ICMS)

Natureza	Isenção, conforme normas estaduais
Fundamento legal	Decreto-lei nº 406/68; Lei Complementar nº 87/96
Órgão a que se dirigir	Secretaria Estadual da Fazenda
Requisitos específicos para usufruir o benefício	Inscrição estadual
Documentos a apresentar	Conforme dispuser o regulamento do ICMS do respectivo estado
Obrigações acessórias para a manutenção do reconhecimento	Manter escriturados os diversos livros fiscais vinculados ao imposto (Registro de entradas, saídas, apuração do ICMS, ocorrências fiscais, inventário e/ou estoques), além de mandar imprimir os talonários em gráfica credenciada
Aplicações	Isenção nas saídas de mercadoria

Imposto sobre a propriedade de veículos automotores (IPVA)

Natureza	Imunidade*
Fundamento legal	CF, art. 150, inc. VI, c; CTN, art. 14
Órgão a que se dirigir	Secretaria Estadual da Fazenda
Requisitos específicos para usufruir o benefício	Conforme dispuser o regulamento do IPVA do respectivo estado
Documentos a apresentar	Conforme dispuser o regulamento do IPVA do respectivo estado
Obrigações acessórias para a manutenção do reconhecimento	Conforme dispuser o regulamento do IPVA do respectivo estado
Aplicações	Não-incidência do IPVA

* Imunidade — IPVA — Entidade de assistência social — extensão; taxa de seguro obrigatório — incidência

"Tributário. Imunidade tributária de entidade de assistência social. Sesc. I — Encontra-se abrangido pelo art. 150, inciso VI, alínea 'c', da Constituição Federal, o Serviço Social do Comércio — Sesc, por atender aos requisitos legais exigidos pelo art. 14 do Código Tributário Nacional. 'A natureza pública da instituição não provém da generalidade dos seus participantes e beneficiários, mas dos fins sociais a que atende.' Precedentes do Excelso Supremo Tribunal Federal. II — Indevida é a incidência de IPVA sobre a frota de veículos da aludida entidade, porque beneficiária da imunidade tributária constitucional; contudo, cabível a cobrança quanto à taxa de seguro obrigatório" (Ac un da 2ª T Civ do TJ DF — REO e Ac 44.728/97 — Rel. des. Nancy Andrighi — j 12-2-1998 — Apte.: Distrito Federal; Apdo.: Sesc — Serviço Social do Comércio — DJU 3, 6-5-1998, p. 44 — ementa oficial).

Imposto sobre a transmissão de bens *causa mortis* e doação (ITCD)

Natureza	Imunidade
Fundamento legal	CF, art. 150, inc. VI, c; CTN, art. 14*

* Por se tratar de um imposto que incide sobre a propriedade do imóvel, pago pelo adquirente, se este for uma entidade de educação ou assistência social, estará imune ao imposto. No entanto, no estado de São Paulo, a Lei nº 10.705, de 28-12-2000, instituiu o imposto sobre a transmissão de bens *causa mortis* e doação, dispondo que as doações recebidas por entidades sem fins lucrativos sofrerão o imposto, cuja alíquota varia de acordo com o montante recebido ou doado (as doações até 2.500 UFESPs (valor de R$9,83) estão "isentas"; entre 2.500 e 12 mil UFESPs, a alíquota é de 2,5%; e, acima desse limite, a alíquota é de 4%. Trata-se de uma determinação legal, a nosso ver passível de questionamento.

IMUNIDADE/ISENÇÃO A TRIBUTOS MUNICIPAIS

Imposto predial e territorial urbano (IPTU)

Natureza	Imunidade
Fundamento legal	CF, art. 150, inc. VI, c; CTN, art. 14 e art. 32*
Órgão a que se dirigir	Secretaria Municipal da Fazenda
Requisitos específicos para usufruir o benefício	Imóvel destinado ao desenvolvimento de atividades sociais
Documentos a apresentar	Conforme legislação municipal
Obrigações acessórias para a manutenção do reconhecimento	Conforme legislação municipal
Aplicações	A imunidade atinge o IPTU, e não as demais taxas de serviços públicos prestados pela municipalidade e cobradas no mesmo carnê. Assim, permanecem devidos os pagamentos das taxas de conservação de vias e logradouros públicos, de limpeza pública, de combate a sinistros, de iluminação urbana e afins.

* O art. 32 do CTN define imóvel urbano como o que dispuser de pelo menos dois dos seguintes melhoramentos: 1) meio-fio ou calçamento com canalização de águas pluviais; 2) abastecimento de água; 3) sistema de esgotos sanitários; 4) rede de iluminação pública; 5) escola primária ou posto de saúde a uma distância máxima de 3km do imóvel considerado.

Imposto sobre serviços (ISS)

Natureza	Imunidade*
Fundamento legal	CF, art. 150, inc. VI, c; CTN, art. 14
Órgão a que se dirigir	Secretaria Municipal da Fazenda
Documentos a apresentar	Conforme legislação municipal
Obrigações acessórias para a manutenção do reconhecimento	Conforme legislação municipal
Aplicações	Não-incidência do imposto

* Imunidade — Obrigação de manutenção de documentação — ISS — Utilidade e necessidade — Recurso extraordinário.

Despacho

Imunidade — Escrituração Fiscal — ISS — Inexistência Glosada — Agravo Provido

"O recurso extraordinário cujo trânsito busca-se alcançar foi interposto, com alegada base na alínea 'a' do permissivo constitucional, contra acórdão proferido pelo Primeiro Tribunal de Alçada Civil do Estado de São Paulo que implicou o não acolhimento de pedido formulado em apelação, pelos seguintes fundamentos: *...embora não se possa negar que o Hotel Escola Senac de Águas de São Pedro goze de imunidade tributária, é forçoso concluir que está obrigado a utilizar e manter documentos, livros e escrita fiscal de suas atividades, assim como está sujeito à fiscalização dos poderes públicos.* O tema versado nestes autos está a merecer o crivo do Colegiado desta Corte, uniformizando-se o entendimento sobre o alcance da imunidade prevista no artigo 150, inciso VI, alínea 'a', da Constituição Federal. É fato constante do acórdão impugnado mediante o extraordinário: o ora Agravante goza de imunidade tributária relativa ao Imposto sobre Serviços. Há de apreciar-se o tema sob o ângulo da utilidade e necessidade, valendo notar que não se trata de simples escrituração contábil, mas escrituração específica, ou seja, a fiscal, nos moldes da legislação concernente ao imposto" (AI nº 214.718-0 — Despacho do ministro Marco Aurélio do STF — Agte.: Serviço Nacional de Aprendizagem Comercial — Senac — Agdo.: Prefeitura Municipal da Estância de Águas de São Pedro — DJU 1 de 27-8-1998, p. 21 — RDDT 38:189/190).

ISS — Imunidade — Instituição de assistência social — Estacionamento de veículo

Nessa matéria, o entendimento que vem prevalecendo no Supremo Tribunal Federal é o de que a eventual renda obtida pela instituição de assistência social mediante cobrança de estacionamento de veículo em área interna da entidade, destinada ao custeio das atividades desta, está abrangida pela imunidade. Veja-se por exemplo o resumo da seguinte decisão:

Instituição de Assistência Social. ISS sobre preço cobrado em estacionamento de veículos nessa instituição. Imunidade quer em face do artigo 19, III, "c" da Emenda Constitucional nº 9/69, quer em face do artigo 150, VI, "c", da atual Carta Magna. Precedentes do STF; RREE 116.188 e 144.900. Recurso Extraordinário conhecido e provido (Recurso extraordinário nº 218.503-8 São Paulo, Rel. ministro Moreira Alves, 1º T, DJU de 29-10-1999, p. 19/20).

Imposto sobre transmissão de bens imóveis por ato *intervivos* (ITBI)

Natureza	Imunidade do imposto sobre a transmissão *intervivos*, a qualquer título, por ato oneroso, de bens imóveis, por natureza ou acessão física, e de direitos reais sobre imóveis, exceto os de garantia, bem como cessão de direitos ou a sua aquisição
Fundamento legal	CF, art. 150, inc. VI, c; CTN, art. 14*
Órgão a que se dirigir	Secretaria Municipal da Fazenda
Requisitos específicos para usufruir o benefício	Conforme legislação municipal
Documentos a apresentar	Conforme legislação municipal
Obrigações acessórias para a manutenção do reconhecimento	Conforme legislação municipal
Aplicações	Não-incidência do ITBI sempre que as entidades adquirirem a propriedade ou os direitos reais sobre um imóvel a título oneroso, como nas situações de compra e venda, permuta e recebimento como pagamento de dívidas (dação em pagamento)

CAPÍTULO 4

Imunidade de contribuições sociais

As contribuições sociais

Como assinalado no capítulo anterior, o gênero tributo se desdobra em três espécies: impostos, taxas e contribuições. Entre estas, algumas se destinam à seguridade social, isto é, ao financiamento da saúde, previdência e assistência social pública. São elas:

1. a contribuição à previdência social incidente sobre a folha de salário paga pelos empregadores — chamada de "quota patronal";
2. a contribuição incidente sobre o lucro líquido das empresas (CLLL);
3. a contribuição ao Fundo de Investimento Social (Cofins), que incide sobre as receitas provenientes da venda de mercadorias, da prestação de serviços, de aplicações financeiras, aluguéis e outras;
4. a contribuição incidente sobre a movimentação financeira (CPMF), destinada à saúde pública.

As entidades sem fins lucrativos, como já assinalado, contratam empregados, realizam movimentações financeiras, podem, conforme dispuser seu estatuto, prestar serviços ou vender mercadoria, ou seja, em princípio, seriam sujeitos ativos de todas essas contribuições.

Ocorre que a Constituição Federal de 1988 concedeu imunidade de contribuições para a seguridade social às *entidades beneficentes de assistência social*. Esse benefício tem recebido muitas críticas e suscitado complexas questões jurídicas, que serão comentadas a seguir.

No final, comentaremos a contribuição ao PIS, que é em parte destinada ao financiamento da seguridade social. Porém, quando paga por entidades sem fins lucrativos, obedece a um regramento próprio, que tem sido objeto de controvérsias específicas, apresentadas em separado na última seção.

Considerações gerais

Durante muito tempo, as entidades filantrópicas de modo geral estiveram isentas de sua contribuição (a chamada quota patronal) à previdência social, por força de legislação ordinária específica. Em 1988 a Constituição elevou a isenção à categoria de imunidade, incluindo-a em seu texto, nos seguintes termos:

> "Art. 195...
> §7º São isentas de contribuição para a seguridade social as entidades beneficentes de assistência social que atendam às exigências estabelecidas em lei.

Este simples dispositivo tem dado margem a diversas indagações, como, por exemplo:

- o termo "isentas" empregado pela Constituição Federal deve ser entendido como "imunes"?
- a lei de que trata o art. 195, §7º é a lei complementar de que trata o art. 146, II, da Constituição Federal, ou refere-se à lei ordinária?
- apenas as "beneficentes de assistência social" fazem jus à isenção ou "as instituições de educação e de assistência social", imunes nos termos do art. 150, inciso VI, alínea c, também estão abrangidas?
- entidades "beneficentes de assistência social" são as chamadas entidades filantrópicas?

As instâncias administrativas, judiciais e doutrinárias têm dado respostas — por vezes inconciliáveis — a essas indagações. Vamos tratá-las uma a uma, expondo igualmente o nosso entendimento.

Imunidade ou isenção?

A Constituição Federal estabelece, no art. 195, §7º, uma espécie de imunidade.

A denominação imprópria do instituto (isenção, em vez de imunidade) não afeta sua natureza jurídica. Neste particular, o Supremo Tribunal Federal já se manifestou, reconhecendo o caráter de imunidade à *isenção* da contribuição para a seguridade social prevista no dispositivo supratranscrito, conforme importante decisão, cujo resumo transcrevemos:

"Ementa: Mandado de Segurança — Contribuição Previdenciária — Quota Patronal — Entidade de Fins Assistenciais, Filantrópicos e Educacionais — Imunidade (CF, art. 195, §7º) — Recurso Conhecido e Provido.

— A Associação Paulista da Igreja Adventista do Sétimo Dia, por qualificar-se como entidade beneficente de assistência social — e por também atender, de modo integral, às exigências estabelecidas em lei — tem direito irrecusável ao benefício extraordinário da imunidade subjetiva relativa às contribuições pertinentes à seguridade social.

— A cláusula inscrita no art. 195, §7º da Carta Política — não obstante referir-se impropriamente à isenção de contribuição para a seguridade social — contemplou as entidades beneficentes de assistência social com o favor constitucional da imunidade tributária, desde que por elas preenchidos os requisitos fixados em lei.

A jurisprudência do Supremo Tribunal Federal já identificou, na cláusula inscrita no art. 195, §7º, da Constituição da República, a existência de uma típica garantia de imunidade (e não simples isenção) estabelecida em favor das entidades beneficentes de assistência social.

Precedente: RTJ 137/965

— Tratando-se de imunidade — que decorre, em função de sua natureza mesma, do próprio texto constitucional —, revela-se evidente a absoluta impossibilidade jurídica de a autoridade executiva, mediante deliberação de índole administrativa, restringir a eficácia do preceito inscrito no art. 195, §7º, da Carta Política, para, em função da exegese que claramente distorce a teleologia da prerrogativa fundamental em referência, negar, à entidade beneficente de assistência social que satisfaz os requisitos da lei, o benefício que lhe é assegurado no mais elevado plano normativo".[16]

Imunidade e isenção são conceitualmente distintas, e tal distinção tem efeitos práticos, como já vimos no capítulo anterior.

Lei complementar ou lei ordinária?

Tratando-se de imunidade — isto é, de hipótese de limitação constitucional ao poder de tributar — incide o disposto no art. 146, II da Constituição Federal, *in verbis*:

---

[16] Recurso Extraordinário em Mandado de Segurança nº 22.192-9-DF- 1ª Turma do Supremo Tribunal Federal — DJ de 19-12-1996.

"Art. 146. Cabe à lei complementar:

II — Regular as limitações constitucionais ao poder de tributar:.."

Lei complementar — assinala Valdir de Oliveira Rocha[17] — é aquela resultante de processo legislativo que tem início com projeto de lei declaradamente complementar e que, no âmbito congressual, alcança quórum de aprovação de maioria absoluta.

A Constituição prevê a isenção para as entidades beneficentes de assistência social *que atendam aos requisitos da lei*. Assim, a Constituição deixa para outra norma (infraconstitucional) a regulação de aspecto (requisitos, no caso) para garantir a limitação. E essa regulação deve ser feita por meio de lei complementar.

Esta lei complementar reguladora das limitações constitucionais ao poder de tributar já existe. Trata-se do Código Tributário Nacional (nascido em 1966 como lei ordinária), cujo art. 14 foi recebido como tendo conteúdo material de lei complementar pela Constituição de 1967, por lhe fazer as vezes, e assim mantido pela Emenda Constitucional nº 1, de 1969, e, no ponto, repetidamente, pela Constituição de 1988.

Faz-se necessário observar, porém, que a jurisprudência predominante no Supremo Tribunal Federal é a de que só é exigível uma lei complementar quando a Constituição expressamente a ela faz alusão com referência a determinada matéria. Assim, quando a Constituição alude genericamente a "lei", esse termo compreende tanto a legislação complementar quanto a ordinária. No caso do art. 195, §7º, referente às exigências a que devem atender as entidades beneficentes de assistência social para gozarem da imunidade nele prevista, determina-se apenas que essas exigências sejam estabelecidas em lei. Portanto, de acordo com a jurisprudência do Supremo Tribunal Federal, em lei ordinária. Não obstante, parece-nos melhor a fundamentação jurídica do argumento segundo o qual o art. 195, §7º deve ser conjugado ao art. 146, II, já que a imunidade é uma garantia constitucional ao contribuinte e uma limitação ao poder de tributar.

O art. 14 do Código Tributário Nacional estabelece requisitos para que as entidades de educação ou de assistência social tenham acesso à imunidade dos impostos de que trata o art. 150, VI, c, da Constituição Federal:

---

[17] Ver Imunidade tributária em Martins (1998).

> "...
> não distribuírem qualquer parcela de seu patrimônio ou de suas rendas, a título de lucro ou participação no seu resultado;
> aplicarem integralmente, no país, os seus recursos na manutenção dos seus objetivos institucionais;
> manterem escrituração de suas receitas e despesas em livros revestidos de formalidades capazes de assegurar sua exatidão;..."

A propósito, ensina Ives Gandra da Silva Martins:

> "[Os] referidos dispositivos do CTN elencam, portanto, as condições que as entidades que desenvolvem atividades assistenciais e filantrópicas — que seriam próprias da competência do Estado — devem preencher para gozar da desoneração em tela, condições essas que representam verdadeiras balizas a que se deve ater o legislador ordinário no exercício da competência tributária que lhe é atribuída para instituir impostos e contribuições sociais."[18]

E a imunidade de impostos do art. 150, VI, c, da Constituição?

O art. 150, VI, c, da Constituição Federal dispõe sobre outra espécie de imunidade — relativa a impostos, e não a contribuições.

A contribuição social de que trata o art. 195, §7º, não é um imposto e não incide sobre patrimônio, renda ou serviços das entidades assistenciais e, sim, sobre a remuneração dos que lhes prestam serviços. Trata-se, portanto, de imunidades com objeto e alcance distintos.

As entidades beneficentes de assistência social são contempladas com duas imunidades: de impostos e de contribuição à seguridade social, incluindo a chamada "quota patronal". As instituições de educação e de assistência social — termos que abarcam um universo bem mais elástico — são contempladas apenas com a imunidade de impostos.

Uma entidade filantrópica é assistencial?

Toda entidade assistencial é filantrópica, mas nem toda entidade filantrópica é assistencial. As filantrópicas que não sejam também beneficentes de assis-

---

[18] Ver Imunidade tributária das instituições de assistência social à luz da Constituição Federal (Martins & Rodrigues, *Revista Dialética de Direito Tributário*, n. 38).

tência social não fazem jus à isenção da contribuição, nos exatos termos em que esta é prevista no art. 195, §7º da Constituição Federal.

A confusão entre filantropia e assistência social está associada ao fato de, anteriormente, a legislação ordinária isentar as entidades filantrópicas da contribuição para a previdência social. A partir da Constituição de 1988, entretanto, o quadro se modificou: a Constituição isenta (ou melhor, imuniza) apenas as entidades beneficentes de assistência social à contribuição para a seguridade social. Como assinala Celso Barroso Leite: "Foi um aperfeiçoamento, sem dúvida, porque se restringiu a isenção a um número bem menor de entidades".[19] Entidades de tipo cultural — ambientalistas, por exemplo — não estão contempladas com a imunidade de contribuição.

A confusão entre filantropia e assistência social aumenta ainda mais pelo fato de a legislação ordinária e os decretos regulamentares condicionarem o reconhecimento da isenção à obtenção do certificado de entidade de fins filantrópicos,[20] como se finalidade filantrópica fosse o mesmo que finalidade assistencial.

A Constituição refere-se às entidades filantrópicas no art. 199, §1º, nos seguintes termos:

> "§1º As instituições privadas poderão participar de forma complementar do sistema único de saúde, segundo diretrizes deste, mediante contrato de direito público ou convênio, tendo preferência as entidades filantrópicas e as sem fins lucrativos."

Portanto, o que a Constituição assegura às entidades filantrópicas é a preferência em relação à celebração de contratos ou convênios relativos à presta-

---

[19] Ver Leite (1997).

[20] Este certificado existiu entre junho de 1962 (Decreto nº 1.117/62, regulamentando a Lei nº 91/35, que instituíra a isenção para entidades de fins filantrópicos reconhecidas como de utilidade pública federal) e agosto de 1977, quando o Decreto-lei nº 1.572/77 revogou a isenção, preservando os direitos adquiridos. É por isso que, embora nos termos da Constituição de 1988, o documento devesse certificar a "entidade beneficente de assistência social", manteve o nome de certificado de "entidade de fins filantrópicos", contribuindo para a confusão terminológica. Voltaremos a essa questão na seção relativa ao histórico da legislação.
Mas cabe lembrar que o Certificado de Entidade de Fins Filantrópicos (CEFF) passou a ser chamado de Certificado de Entidade Beneficente de Assistência Social (Cebas), de acordo com a alteração do inciso II do art. 55 da Lei nº 8.212/91 e do §3º do art. 9º da Lei nº 8.742/93, introduzidas, repectivamente, pelos arts. 3º e 5º da Medida Provisória nº 2.129-6, de 23-2-2001.

ção de assistência à saúde integrada ao sistema único de saúde. Já a isenção (imunidade) da contribuição à seguridade social é específica para as "entidades beneficentes de assistência social".

O que são entidades beneficentes de assistência social?

Vamos apresentar duas visões contrapostas acerca da questão, ambas com razoável base de sustentação jurídica. A primeira associa a assistência social beneficente às noções de necessidade, gratuidade e universalidade. A segunda admite a prestação de serviços não-gratuitos, sem que tal circunstância descaracterize a assistência social beneficente. Vejamos a base de sustentação jurídica de cada uma dessas posições.

De acordo com a corrente mais restritiva, caracterizariam a assistência social beneficente as seguintes noções:

Necessidade: enquanto as entidades filantrópicas podem prestar serviços úteis e com freqüência valiosos, mas nem sempre essenciais, a assistência social tem por objetivo atender a necessidades vitais das pessoas carentes. O art. 203 da Constituição Federal reforça essa idéia ao assinalar que "a assistência social será prestada a quem dela necessitar".

Gratuidade: a assistência não depende de contribuição, ao contrário da previdência, na qual a contribuição é obrigatória, por ser inerente à sua natureza securitária. Também o art. 203 da Constituição reforça o conceito: "a assistência social será prestada a quem dela necessitar, independentemente de contribuição". Esse reforço conceitual evidencia a impropriedade de se pretender atribuir natureza assistencial a entidades que cobram por seus serviços. No entender de Celso Barroso Leite:

> "A circunstância de prestá-los gratuitamente a um número em geral reduzido de usuários pode (embora não deva) caracterizá-las como filantrópicas, porém não como assistenciais. Uma entidade se caracteriza por sua finalidade básica, estatutária, e não por algum setor assistencial restrito, quando não apenas simbólico".[21]

Acesso generalizado: a assistência social deve caracterizar-se pela generalidade do acesso aos seus serviços por todas as pessoas cuja situação se enquadre em seus programas. O mesmo autor observa:

---

[21] Leite (1997:45).

> "Isso é mais do que óbvio, porém na prática com freqüência deixa de ser observado. São numerosos os casos de entidades, aí incluídas empresas, que mantêm uma creche ou uma escola para os filhos dos seus empregados e com base nisso obtêm a isenção em valor muitas vezes bem superior ao que assim gastam (aqui a culpa é também da frouxidão com que são feitas as verificações cabíveis); ou então numa universidade ou hospital existe um ambulatório que só atende gratuitamente alunos e funcionários; algumas organizações religiosas oferecem serviços gratuitos somente aos respectivos adeptos mas se valem da isenção; e assim por diante, de novo.
>
> (...)
>
> Se a entidade oferece serviços ou outras vantagens aos seus empregados ou a determinados grupos sem se valer desse motivo, ou pretexto, para conseguir a isenção, nada a objetar, pois isso é perfeitamente legítimo. Do contrário, ela estará prestando assistência patronal, e não social. Também poderemos ver aí cortesia com chapéu alheio, isto é, à custa da seguridade social."[22]

A lógica subjacente a essa corrente de pensamento — na avaliação do eminente jurista Alberto Xavier — é *simples e sedutora*, mas equivocada, pois pretende aplicar às instituições de assistência social privada os requisitos que a Constituição Federal estabelece para caracterizar a assistência social pública.

A Constituição Federal assinala no art. 203:

> "Art. 203. A assistência social será prestada a quem dela necessitar, independentemente de contribuição à seguridade social, e tem por objetivos:
>
> I — a proteção à família, à maternidade, à infância, à adolescência e à velhice;
>
> II — o amparo às crianças e adolescentes carentes;
>
> III — a promoção da integração ao mercado de trabalho;
>
> IV — a habilitação e reabilitação das pessoas portadoras de deficiência e ao idoso que comprovem não possuir meios de prover à própria manutenção ou de tê-la provida por sua família, conforme dispuser a lei;

---

[22] Leite (1997:47).

> V — a garantia de um salário mínimo de benefício mensal à pessoa portadora de deficiência e ao idoso que comprovem não possuir meios de prover a própria manutenção ou de tê-la provida por sua família, conforme dispuser a lei."

A respeito do dispositivo, pondera Alberto Xavier:

> "Ora, a verdade é que as instituições de assistência social a que se refere o art. 150, VI, c, da Constituição são instituições privadas, visto o escopo garantístico das imunidades constitucionais ter essencialmente por destinatário os cidadãos particulares.
>
> Em relação a estes últimos, a sua qualificação como instituições de assistência social não pode ser efetuada à luz do conceito de assistência social do art. 203 da Constituição, específico das entidades públicas, mas à luz dos conceitos de direito privado."[23]

E, no entender do mesmo autor, o conceito de entidade ou instituição de assistência social, no âmbito privado, deve ser construído à luz do direito civil na parte que respeita à classificação ou à tipologia das pessoas jurídicas.

No entanto, nem a legislação de direito civil nem a doutrina oferecem "uma tentativa de classificação científica das pessoas jurídicas de direito privado, reflexo melancólico da perda de relevância dos fenômenos altruísticos num mundo dominado pela frieza do estatismo e do espírito mercantil."[24]

Todavia, valendo-se dos ensinamentos de estudiosos do direito pátrio e estrangeiro, propõe Alberto Xavier que, em face do direito privado, as instituições de assistência social sejam classificadas como entidades beneficentes de utilidade pública. E explica:

> "Na tipologia do Código Civil, o direito brasileiro não se refere, de modo expresso, às entidades de assistência social, mas de todo o contexto, histórico e lingüístico, resulta que elas são sinônimos de entidades beneficentes de utilidade pública: beneficentes, porque altruístas, vocacionadas para o socorro em função do status patrimonial duradouro e não de uma contingência eventual (como sucede com as humanitárias); e de utilidade pública porque, assistindo os beneficiários na pobreza, carência ou fragilidade, complementam e coadjuvam a ação do Estado neste domínio."[25]

---

[23] Xavier (*Revista Dialética de Direito Tributário*, n. 52, p. 23).

[24] Ibid., p. 25.

[25] Ibid., p. 27; o grifo consta do original.

A argumentação desenvolvida pelo autor, bastante razoável, conduz a duas noções de assistência social. A primeira, correspondente à assistência social prestada pelo poder público, mediante suas autarquias, atende, nos exatos termos do art. 203 da Constituição Federal, aos critérios de necessidade, gratuidade e generalidade. A segunda, relativa à assistência social prestada por instituições privadas, de acordo com noções jurídicas não sistematizadas do ponto de vista legal, reduz-se à noção de liberalidade, benemerência, tal como expressa o senso comum. Esta seria perfeitamente compatível — por exemplo — com a circunstância de a entidade, diante até mesmo do princípio isonômico, mesclar a prestação de serviços, fazendo-o gratuitamente aos menos favorecidos e de forma onerosa aos afortunados pela sorte.

A resposta à indagação sobre o conceito de entidade beneficente de assistência social varia exatamente de acordo com a interpretação adotada, com conseqüências jurídicas muito diversas. A seguir enunciamos algumas questões que espelham essas dificuldades.

As instituições de educação são assistenciais?

Se entendermos que entidades privadas beneficentes de assistência social são aquelas que prestam os serviços elencados no art. 203, pode-se afirmar, como zona limítrofe, que a assistência social determinada pelo constituinte inclui, estritamente, a educação de portadores de deficiência em estabelecimentos especializados. Também haveria de ser admitida a capacitação profissional enquanto promoção de integração ao mercado de trabalho.[26]

Nesta linha, as instituições de educação seriam imunes a impostos nos termos do art. 150, VI, c, da Constituição Federal, mas não estariam abrangidas pela imunidade de contribuições prevista no art. 195, §6º. Note-se que nem sequer para a imunidade de impostos há lei (complementar ou ordinária) que defina educação para tal efeito. Assim — como observa Anna Cynthia Oliveira — é lícito supor que todo e qualquer estabelecimento privado de ensino como qualquer associação atuando em área compatível com conceituação elástica se arvorem em instituições de educação imunes a impostos. Em suas palavras:

---

[26] Ver Oliveira (1997:52).

> "Aqui a lacuna é surpreendente e, se é urgente definir o que seja educação para este efeito, é também premente estabelecer legislação capaz de assegurar que escolas extremamente rentáveis contribuam efetivamente para o desenvolvimento do país, oferecendo, em bolsas de estudos para estudantes carentes, contrapartida equivalente às isenções de que têm gozado à custa do contribuinte."[27]

Se, diversamente, entendemos que a assistência social privada não equivale à assistência social pública, certamente instituições de educação sem fins lucrativos, que oferecem bolsas de estudo para uma parcela razoável de alunos, seriam qualificáveis como entidade beneficente de assistência social.

As entidades fechadas de previdência privada são assistenciais?

A resposta a esta pergunta também depende da perspectiva que se adote, mais ou menos restritiva, em relação ao conceito.

Se entendermos que a assistência social privada há de ser também gratuita, geral e voltada para o atendimento dos mais carentes, dos mínimos sociais, evidentemente não alcança as entidades fechadas de previdência privada.

A esse propósito, cabe mencionar o parecer de Ives Gandra da Silva Martins, que entende que a Constituição Federal estabeleceu duas "conformações" de assistência social, correspondentes a dois sentidos para a expressão.[28] Segundo ele, *latu sensu*, a assistência social abrange previdência, saúde e assistência social propriamente dita; esta última correspondendo à assistência social *stricto sensu*. Com todo o respeito que merece a opinião desse brilhante jurista, não vislumbramos onde a Constituição oferece amparo para o pretendido sentido lato da expressão assistência social. Com efeito, dispõe o art. 194:

> " Art. 194. A seguridade social compreende um conjunto integrado de ações de iniciativa dos Poderes Públicos e da sociedade, destinadas a assegurar os direitos relativos à saúde, à previdência e à assistência social..."

---

[27] Oliveira (1997:38).

[28] Martins (s.d., v. 6, t. I, p. 183).

Mas, sob outro fundamento, as entidades fechadas de previdência privada estariam imunes aos impostos e à contribuição social por prestarem assistência social no sentido do direito privado. Nessa linha, não se trata de modalidades de assistência em sentido lato ou estrito — distinção não endossada pelo texto constitucional. Trata-se de admitir dois regimes distintos de prestação de assistência social, de direito público e de direito privado.

Para Alberto Xavier, como existe liberalidade e benemerência na constituição de fundos de previdência privada, as entidades dessa natureza são entidades de assistência social. Em suas palavras: "o fato de os participantes contribuírem parcialmente, ao lado dos patrocinadores, para a constituição do fundo, não desnatura a natureza assistencial da entidade, já que os atos de liberalidade do patrocinador conduzem a que os benefícios auferidos sejam economicamente muito superiores às contribuições prestadas pelos participantes, existindo sempre um elemento gratuito, liberal ou assistencial preponderante".[29]

Porém, no Supremo Tribunal Federal, esse entendimento não tem prevalecido, haja vista resumo da decisão unânime da Segunda Turma a seguir transcrito:[30]

> "Constitucional. Tributário. Previdenciário. Imunidade Tributária. Previdência Privada. Assistência social. CF, 1967, art. 19, III, c; CF/88.
>
> I — A jurisprudência do Supremo Tribunal, firmada sob o pálio da CF/67, é no sentido de que as entidades de previdência privada, porque não são entidades de assistência social, não estão abrangidas pela imunidade tributária do art. 19, III, c, da Constituição pretérita.
>
> II — Entendimento pessoal do relator deste em sentido contrário, esclarecendo-se, entretanto, que tal entendimento não é sustentável sob o pálio da CF/88, que distingue previdência de assistência social (CF/88, art. 194).
>
> III — RE conhecido e provido.

De fato — como destaca o voto do relator dessa decisão — o Supremo Tribunal Federal vem sedimentando o entendimento de que a circunstância de

---

[29] Xavier, p. 37.

[30] Recurso extraordinário nº 127.584-7-SP; relator ministro Carlos Velloso; DJU de 22-11-1996, p. 45.703.

a entidade prestar serviços mediante contrapartida de seus beneficiários é óbice intransponível à sua caracterização como instituição de assistência social, questão que precede e transcende o mero preenchimento dos requisitos do art. 14 do Código Tributário Nacional.

Em suma, há duas posições contrapostas, com ponderáveis razões para aceitação e não menos ponderáveis razões para rejeição.

Se adotarmos o critério restritivo, a assistência social privada estaria condenada a tantas restrições que se tornaria inviável. Nesse sentido, o voto do ministro Marco Aurélio em decisão relativa à matéria revela a sensibilidade necessária para a interpretação da questão:

> "As exigências estabelecidas em lei não podem implicar verdadeiro conflito com o sentido revelado pelos costumes da expressão "entidades beneficentes de assistência social". Em síntese, a circunstância de a entidade, diante até mesmo do princípio isonômico, mesclar a prestação de serviços, fazendo-o gratuitamente aos menos favorecidos e de forma onerosa aos afortunados pela sorte, não a descaracteriza, não lhe retira condição de beneficente. Antes, em face da escassez de doações nos dias de hoje, viabiliza a continuidade dos serviços, devendo ser levado em conta o somatório de despesas resultantes do funcionamento e que é decorrência do caráter impiedoso da vida econômica, portanto (...) tem-se a relevância do pedido inicial notando-se, mesmo, a preocupação do excelentíssimo ministro de Estado da Saúde com os ônus indiretos advindos da normatividade da Lei nº 9.732/98, no que veio a restringir, sobremaneira, a imunidade constitucional, praticamente inviabilizando — repita-se uma vez que não são comuns, nos dias de hoje, as grandes doações, a filantropia pelos mais aquinhoados — a assistência social, a par da precária prestada pelo Estado, que o §7º do artigo 195 da Constituição Federal, visa a estimular..."[31]

Mas, se adotarmos a largueza interpretativa sugerida por essa segunda corrente, teríamos como critério para o gozo da imunidade de contribuição, em última análise, o que propõe Alberto Xavier:

---

[31] Ação Direta de Inconstitucionalidade nº 2.028-5 — Medida Liminar — Reqte.: Confederação Nacional de Saúde — CNS; Reqdo.: Presidente da República e Congresso Nacional — Rel. ministro Marco Aurélio — RDDT 49:192).

> "A inexistência de fins lucrativos é o único requisito substancial constitucionalmente exigido para que as instituições de educação e assistência social sejam protegidas pela imunidade."[32]

Esta solução, embora formalmente sustentável, parece-nos pouco razoável, pois dá azo a graves distorções. Por exemplo, que entidades fechadas de previdência privada — que atendem a uma clientela privilegiada — deixem de financiar a seguridade pública, voltada para os segmentos mais carentes. Em face das carências sociais do país, revela sensibilidade o entendimento do Supremo Tribunal Federal em relação às entidades fechadas de previdência privada.

Temos, pois, como imprescindível que a lei complementar ofereça melhores contornos acerca do que se deva entender como entidade beneficente de assistência social para efeito do gozo da imunidade. Esta ausência de definição abre oportunidade para que entidades que cumprem os parcos requisitos elencados no art. 14 do Código Tributário Nacional, mas que realizem duvidosa prestação de assistência social, pleiteiem — e obtenham — o acesso à imunidade prevista no art. 195, §7º, da Constituição Federal.

De acordo com as normas vigentes, quem tem direito a "isenção"?

Na ausência de norma — de lei complementar — conformadora do que seja entidade beneficente de assistência social na expressão do art. 195, §7º, da Constituição Federal, o governo, mediante leis ordinárias de sua iniciativa e decretos regulamentares, tem criado exigências não previstas no Código Tributário Nacional que dificultam o acesso ao gozo da imunidade prevista neste dispositivo.

As entidades, na medida de suas possibilidades, procuram se adaptar às crescentes exigências — em sua maioria de cunho burocrático — estabelecidas em leis ordinárias e decretos. Assim, requisitos como prévio reconhecimento de utilidade pública, ou registro no Conselho Nacional de Assistência Social, vão sendo observados e a entidade consegue o certificado de entidade de fins filantrópicos, erigido em condição indispensável para o reconhecimento da isenção.

Recentemente, porém, vêm sendo impostas novas exigências, cada vez mais restritivas. A nosso ver, muitas são inconstitucionais ou ilegais, e por-

---

[32] Xavier, p. 36.

tanto podem ser (e de fato têm sido) questionadas judicialmente. É certo, porém, que o recurso às vias judiciais é inacessível a diversas entidades: as questões jurídicas subjacentes são complexas e os meandros processuais exigem advogados ao menos tão bem preparados quanto os advogados fazendários, o que tem um custo elevado. A morosidade em todas as instâncias encarece ainda mais o feito, o que torna o acesso à justiça, em muitos casos, praticamente inviável.

Assim, atualmente, tem acesso à isenção quem cumpre os requisitos estabelecidos na Lei nº 8.212/91 e decretos regulamentares, requisitos estes que não coincidem com os limites da Constituição e da lei complementar (Código Tributário Nacional).

São justificáveis os requisitos exigidos nas normas vigentes?

Entendemos como justificável a pretensão do governo de restringir à seguridade social o acesso à isenção (imunidade): os requisitos do art. 14 do Código Tributário Nacional carecem de revisão, em um contexto de agravamento das carências sociais do país. A imunidade da contribuição, necessária à manutenção do sistema de seguridade social, é um privilégio que, matematicamente, prejudica todos os trabalhadores. Ignora-se paralelo a essa isenção em outros países.[33] Contudo, existe a previsão constitucional em nosso ordenamento jurídico, e as possíveis restrições devem ser veiculadas de acordo com a via formalmente adequada: a lei complementar.

Não obstante, a regulamentação que vem sendo dada merece críticas não só quanto à forma (leis ordinárias e decretos) mas também quanto ao conteúdo. Os critérios estabelecidos no Decreto nº 3.048/99 para caracterizar a assistência social beneficente são impróprios e arbitrários em muitos aspectos.

Aspectos gerais das contribuições à seguridade social

Apresentamos a seguir, sinteticamente, os critérios vigentes — constantes de leis ordinárias e normas administrativas — relativos às "isenções" das contribuições para a seguridade social. Ressaltamos que as exigências são passíveis de questionamentos judiciais, como assinalado nas seções precedentes.

---

[33] Oliveira (1997:50).

Contribuição social sobre o lucro líquido (CSLL)

A contribuição social sobre o lucro líquido incide, à alíquota de 8%, sobre o lucro líquido.[34]

O art. 15 da Lei nº 9.532/97 estabelece que as entidades sem fins lucrativos isentas do imposto de renda — pessoa jurídica também estão isentas da contribuição social sobre o lucro. Entre essas entidades incluem-se as de caráter cultural, que podem abranger instituições de educação.

Todavia, os arts. 4º e 7º da Lei nº 9.732/98 prescrevem o seguinte:

- as entidades sem fins lucrativos educacionais que não pratiquem de forma exclusiva e gratuita o atendimento a pessoas carentes gozarão da isenção da CSLL na proporção do valor das vagas cedidas, integral e gratuitamente, a carentes, desde que sejam reconhecidas como de utilidade pública federal, estadual ou municipal, sejam portadoras do certificado ou do registro de entidade de fins filantrópicos e não remunerem seus dirigentes;
- fica cancelada, a partir de 1º de abril de 1999, toda e qualquer isenção concedida, em caráter geral ou especial, de contribuição para a seguridade social em desconformidade com o art. 55 da Lei nº 8.212/91, na sua nova redação.

O *Manual de instruções da DIPJ 2000*, da Receita Federal, quando trata das pessoas jurídicas isentas, diz que as entidades enquadradas no inciso I do art. 12 do Decreto nº 3.048, de 6 de maio de 1999 que, não se enquadrando na isenção da Lei nº 9.532/97 e da Lei nº 9.732/1998, apurem lucro nos ter-

---

[34] Medida Provisória nº 1991-18, de 9-6-2000 — Altera a legislação das contribuições para a seguridade social.

> "Art. 6º — A contribuição social sobre o lucro líquido — CSLL, instituída pela Lei nº 7.689, de 15-12-1988, será cobrada com o adicional:
>
> I — de quatro pontos percentuais, relativamente aos fatos geradores ocorridos de 1º de maio de 1999 a 31 de janeiro de 2000;
>
> II — de um ponto percentual relativamente aos fatos geradores ocorridos de 1º de fevereiro de 2000 a 31 de dezembro de 2002.
>
> Art. 7º — A alíquota da CSLL, devida pelas pessoas jurídicas referidas no art. 1º, fica reduzida para 8% em relação aos fatos geradores ocorridos a partir de 1º de janeiro de 1999, sem prejuízo da aplicação do disposto no artigo anterior."

mos da legislação comercial estão sujeitas à contribuição social sobre o lucro.[35]

Contribuição para financiamento da seguridade social (Cofins)

A contribuição para financiamento da seguridade social incide, à alíquota de 3%, sobre a receita bruta.

A legislação vigente até 31-1-1999 (art. 6º, III, da Lei Complementar nº 70/91) isentava da Cofins as entidades beneficentes de assistência social que atendessem às exigências estabelecidas em lei. As demais entidades sem fins lucrativos só se sujeitavam à Cofins se auferissem receitas provenientes da venda de mercadorias e/ou da prestação de serviços, porque a base de cálculo da contribuição se compunha apenas desses valores (art. 2º da Lei Complementar nº 70/91).[36]

A partir de 1º de fevereiro de 1999, de acordo com os arts. 2º e 3º da Lei nº 9.718/98, a base de cálculo da Cofins foi ampliada, passando a alcançar, inclusive, receitas de aplicações financeiras, receitas de aluguéis e outras (excluídas as relacionadas no item 2 do texto intitulado "Cofins — instruções para cálculo e pagamento", de modo que ficou prejudicado o entendimento do PN CST nº 5/92).

Todavia, de acordo com o art. 14 da MP nº 1.991-16/2000, em relação aos fatos geradores ocorridos a partir de 1º de fevereiro de 1999, são isentas da Cofins as receitas relativas às atividades próprias das seguintes entidades:

- instituições de educação e de assistência social imunes ao imposto de renda;
- instituições de caráter filantrópico, recreativo, cultural, científico e associações isentas do imposto de renda;
- fundações de direito privado e fundações públicas instituídas ou mantidas pelo poder público.

---

[35] As entidades de previdência privada fechada, as associações de poupança e empréstimo e as bolsas de valores são isentas do IRPJ, mas são contribuintes da CSL (*Manual de instruções DIPJ/2000*).

[36] Orientação constante do Parecer Normativo CST, de acordo com o PN CST nº 5/92.

Contribuição previdenciária — "quota patronal"

A quota patronal de contribuição à seguridade social incide, à alíquota de 20%, sobre o valor da remuneração paga.

O art. 55 da Lei nº 8.212/91 (com a redação dada pela Lei nº 9.732/98) estabelece os requisitos essenciais para a obtenção da isenção. Dentre os requisitos, a entidade beneficente de assistência social deve ser portadora do registro e do certificado de entidade de fins filantrópicos, este renovado a cada três anos.

A concessão desse certificado foi regulamentada pelo Decreto nº 3.408, de 6-5-1999. Os procedimentos a observar estão descritos nos quadros orientativos constantes do capítulo 9.

CPMF

A Contribuição Provisória sobre Movimentação ou Transmissão de Valores e de Créditos e Direitos de Natureza Financeira (CPMF) foi instituída pela Lei nº 9.311, de 24-10-1996, e está em vigor desde 17-6-1999, com a alíquota de 0,38% até 16-6-2000. Após esta data, a alíquota passou a ser de 0,30%.

A Instrução Normativa nº 44, de 2-5-2001, do secretário da Receita Federal, dispôs sobre a não-incidência da CPMF no caso de entidades beneficentes de assistência social. Para não ser tributada,[37] a entidade beneficente de assistência social deve apresentar, anualmente, à instituição responsável pela retenção da CPMF, declaração emitida em duas vias. Essa declaração consta do Anexo I da IN nº 44, de 2-5-2001, conforme transcrevemos a seguir:

[37] O inciso V do art. 3º da Lei nº 9.311/96 dispõe: "Art. 3º — A contribuição não incide: (...) V — sobre a movimentação financeira ou transmissão de valores e de créditos e direitos de natureza financeira das entidades beneficentes de assistência social, nos termos do §7º do art.195 da Constituição Federal." A mesma lei dispõe que a não-incidência da CPMF não se aplica a entidades de previdência privada e à entidade que, tendo personalidade jurídica própria, seja mantida por outra não sujeita à incidência.

"(Nome da entidade), com sede (endereço completo), inscrita no CNPJ sob o nº...., declara, para fins da não-incidência da contribuição provisória sobre movimentação ou transmissão de valores e de créditos e direitos de natureza financeira (CPMF) prevista no inciso V do art. 3º da Lei nº 9.311, de 24 de outubro de 1996, sobre as operações efetuadas a débito da conta nº.... mantida junto à agência nº .... do(a) (nome da instituição financeira), que:

I — preenche os seguintes requisitos, cumulativamente:

- é reconhecida como de utilidade pública federal e estadual ou do Distrito Federal ou municipal;
- é portadora do certificado de entidade de fins filantrópicos, fornecido pelo Conselho Nacional de Serviço Social;
- promova, gratuitamente e em caráter exclusivo, a assistência social beneficente a pessoas carentes, em especial a crianças, adolescentes, idosos e portadores de deficiência;
- seus diretores, conselheiros, sócios, instituidores ou benfeitores não percebem remuneração e não usufruem de vantagens ou benefícios a qualquer título;
- aplica integralmente seus recursos na manutenção e desenvolvimento de seus objetivos sociais;
- apresenta, anualmente, ao Conselho Nacional de Seguridade Social relatório circunstanciado de suas atividades;
- adota os procedimentos previstos nas alíneas 'c', 'd', 'e' e 'g' do §2º do art. 12 da Lei nº 9.532, de 10 de dezembro de 1997;

II — o signatário é representante legal desta entidade, assumindo o compromisso de informar a essa instituição, imediatamente, eventual desenquadramento à presente situação e está ciente de que a falsidade na prestação destas informações, sem prejuízo do disposto no art. 32 da Lei nº 9.430, de 27 de dezembro de 1996, o sujeitará, juntamente com as demais pessoas que para ela concorrerem, às penalidades previstas na legislação criminal e tributária, relativas à falsidade ideológica (art. 299 do Código Penal) e ao crime contra a ordem tributária (art. 1º da Lei nº 8.137, de 27 de dezembro de 1990).

Local e data ....

____

ASSINATURA DO RESPONSÁVEL

Abono da assinatura pela instituição financeira"

Desenquadramento da imunidade ou isenção

Conforme previsto nos arts. 13 e 15, §3º, da Lei nº 9.532/97:

> "I — sem prejuízo das demais penalidades previstas na lei, a Secretaria da Receita Federal suspenderá o gozo da imunidade ou da isenção relativamente aos anos-calendário em que a pessoa jurídica houver praticado ou, por qualquer forma, houver contribuído para a prática de ato que constitua infração a dispositivo da legislação tributária, especialmente no caso de informar ou declarar falsamente, omitir ou simular o recebimento de doações em bens ou em dinheiro, ou de qualquer forma cooperar para que terceiro sonegue tributos ou pratique ilícitos fiscais;
>
> II — considera-se, também, infração a dispositivo da legislação tributária o pagamento, pela instituição imune ou isenta, em favor de seus associados ou dirigentes, ou, ainda, em favor de sócios, acionistas ou dirigentes de pessoa jurídica a ela associada por qualquer forma, de despesas consideradas indedutíveis na determinação da base de cálculo do Imposto de Renda ou da Contribuição Social sobre o Lucro."

Em resumo

Não obstante ser juízo pacífico que a hipótese do artigo 195, §7º, da Constituição trata de imunidade, apesar de usar o vocábulo isenta, as instâncias administrativas entendem "que a intenção do legislador constituinte foi conceder uma benesse que não estivesse engessada por uma lei complementar. Tinha consciência da importância do trabalho desenvolvido pelas entidades beneficentes, mas, por outro lado, não queria deixar às escâncaras uma porta para que entidades oportunistas entrassem e sangrassem os cofres da seguridade social. Partindo dessa premissa, concedeu aquilo que o Supremo Tribunal Federal chama de favor constitucional da imunidade tributária, desde que preenchidos os requisitos fixados em lei (ordinária)".[38]

Essa imunidade subjetiva foi regulamentada pelo art. 55 da Lei nº 8.212/1991, e o disposto neste artigo estabelece os requisitos essenciais para a obtenção da isenção a que se refere o §7º, do art.195 da Carta de 1988. Dentre os requisi-

---

[38] Parecer da Consultoria Jurídica do Ministério da Previdência e Assistência Social, da lavra de Indira Ernesto Silva, de junho 1998, reproduzido na *Revista Dialética de Direito Tributário*, n. 41, p. 135 e ss.

tos, a entidade beneficente de assistência social deve ser portadora do registro e do certificado de entidade de fins filantrópicos, este renovado a cada três anos.

A concessão desse certificado, exigido pelo inciso II, do art. 55, da Lei nº 8.212/1991 (com a redação dada pela Lei nº 9.732/98) para obtenção da isenção, foi regulamentada pelo Decreto nº 3.408, de 6-5-1999. E esses requisitos, no entender das instâncias administrativas, devem ser atendidos pelas entidades.

Nas instâncias administrativas prevalece o entendimento de que a imunidade subjetiva das contribuições sociais pode ser (e é) regulamentada por lei ordinária. Por outro lado, o certificado de entidade de fins filantrópicos já existia no ordenamento brasileiro há muito tempo; apenas o legislador ordinário foi buscá-lo para lhe servir de requisito à concessão da isenção, como também o fez com as declarações de utilidade pública federal, estadual, municipal ou do Distrito Federal, exigidas para a concessão da isenção da quota patronal.

Não há ainda jurisprudência firmada sobre a matéria, restando às entidades que não obtenham êxito perante as instâncias administrativas, o recurso às vias judiciais. Atualmente, uma liminar concedida pelo Supremo Tribunal Federal suspendeu a eficácia das normas veiculadas por lei ordinária que exigiam a gratuidade como condição para o gozo da imunidade.[39]

A contribuição ao PIS paga por entidades sem fins lucrativos: uma trajetória inconstitucional[40]

Quando o Programa de Integração Social (PIS) foi instituído pela Lei Complementar nº 7/70, ficou estabelecido que as contribuições a ele devidas pelas entidades sem fins lucrativos seriam definidas na forma da lei. A mesma lei determinou que a Caixa Econômica Federal resolveria os casos omissos, de acordo com os critérios fixados pelo Conselho Monetário Nacional (CMN).

Com a Resolução nº 174, de 25-2-1971, o CMN determinou que as contribuições devidas ao PIS pelas entidades sem fins lucrativos incidiriam, à alí-

---

[39] Ação Direta de Inconstitucionalidade nº 2.028-5 — Medida Liminar — Reqte.: Confederação Nacional de Saúde — CNS; Reqdo.: Presidente da República e Congresso Nacional — Rel. ministro Marco Aurélio — *Revista Dialética de Direito Tributário* (49):192.

[40] Sobre a inconstitucionalidade dessa contribuição, ver Rocha (1995:80-7) e Costa (1994:20-2). Sobre a discussão em face da Lei nº 9.715/98, ver Fischer (1999).

quota de 1%, sobre o valor da folha de pagamento mensal de empregados. Note-se que não houve lei e, portanto, sua criação — por resolução — era inconstitucional e ilegal. Anos mais tarde, o Decreto-lei nº 2.052, de 3-8-1983 incluiu as entidades sem fins lucrativos entre os participantes do PIS, nada dizendo sobre a base de cálculo e a alíquota. E, mesmo que assim o fizesse, não seria o decreto-lei veículo normativo adequado para dispor sobre contribuições ao PIS, como salientou o Supremo Tribunal Federal.

O Decreto-lei nº 2.445/88 pretendeu que as entidades sem fins lucrativos que não realizassem com habitualidade venda de bens e serviços contribuiriam para o PIS à alíquota de 1% sobre a folha de pagamento de seus empregados. Porém, o Supremo Tribunal Federal declarou a inconstitucionalidade deste decreto-lei, cuja execução foi suspensa pela Resolução do Senado nº 49/95.

Apenas recentemente, a Lei nº 9.715/98 (em seu art. 2º, inciso II) estabeleceu que a contribuição para o PIS/Pasep apurada mensalmente pelas entidades sem fins lucrativos, definidas como empregadoras pela legislação trabalhista, devia ser calculada com base na folha de salários, à alíquota de 1%.

No entanto, por outras razões — o fato de haver a lei resultado da conversão de medida provisória e de ter sido promulgada pelo presidente do Congresso, e não pelo presidente da República — tem sido questionada a validade desta norma.

Atualmente, o art. 13 da Medida Provisória nº 1.991-17/2000 dispõe que a contribuição para o PIS/Pasep será determinada com base na folha de salários, à alíquota de 1%, no caso das entidades sem fins lucrativos.

CAPÍTULO 5

Incentivos fiscais para doações

Introdução

Entre as diversas formas de captação de recursos para entidades sem fins lucrativos, encontram-se os benefícios de ordem tributária (imunidades e isenções), as subvenções, os convênios e parcerias e as doações dedutíveis de impostos.

Os incentivos fiscais para as doações de pessoas físicas e jurídicas a entidades que atuam em áreas complementares ao poder público são vitais para construir uma cultura de "participação cidadã",[41] embora a legislação do imposto de renda vigente não estimule significativamente a cultura da filantropia.

Neste capítulo veremos os incentivos fiscais vigentes nas áreas cultural e social, a saber: doações a fundos de direitos da criança e do adolescente, doações a operações de caráter cultural e artístico, doações a atividades audiovisuais, doações a entidades civis que prestem serviços gratuitos (de utilidade pública), doações a instituições de ensino e pesquisa.

Doações a fundos de direitos da criança e do adolescente

Os fundos de direitos da criança e do adolescente (nacional, estaduais e municipais) estão previstos no artigo 260 do Estatuto da Criança e do Adolescente (Lei nº 8.069/90, com alterações introduzidas pelas leis nº 8.242/91 e nº 9.532/97). Tais fundos são controlados por conselhos municipais, estaduais ou nacional dos direitos da criança e do adolescente, que devem prestar contas mensalmente à Receita Federal.

A receita dos fundos é constituída de recursos governamentais e de contribuições (doações) de pessoas físicas e jurídicas. A aplicação dos recursos é

---

[41] Oliveira (1996:55).

feita de acordo com os critérios definidos pelos próprios conselhos municipais, estaduais ou nacional dos direitos da criança e do adolescente.

As doações de pessoas físicas e jurídicas para os fundos (nacional, estaduais e municipais) são dedutíveis do imposto de renda devido, conforme analisaremos a seguir.

Pessoa física

A Lei nº 9.250, de 25-12-1995, vedou às pessoas físicas a possibilidade de deduzirem do imposto de renda valores relativos a doações a entidades de fins filantrópicos, admitindo a dedução, por pessoas físicas, de valores doados aos fundos dos direitos da criança e do adolescente, administrados pelos conselhos dos direitos da criança e do adolescente. As doações são limitadas a 6% do valor do imposto de renda devido.

Pessoa jurídica

Às pessoas jurídicas que efetuarem doações aos fundos de direitos da criança e do adolescente é permitido o abatimento mensal, trimestral ou anual do imposto de renda devido, no valor das deduções efetivadas, abrangendo somente aquelas tributadas com base no lucro real. O limite máximo de dedução do imposto de renda na apuração mensal correspondente ao total das doações efetuadas no mês é fixado em 1%, de acordo com o artigo 1º do Decreto nº 794 de 5-4-1993.

Doações a operações de caráter cultural e artístico

Segundo dados de uma pesquisa realizada em 1997 pelo Centro de Estudos Históricos e Culturais da Fundação João Pinheiro (FJP), 80% dos projetos culturais eram incentivados pela Lei Rouanet.[42] Por informações do Ministério da Cultura, sabemos que 80% dos projetos culturais conseguem aprovação, porém é notória a dificuldade dos proponentes com relação à captação de recursos. Verifica-se uma verdadeira escassez de mão-de-obra especializada nesta área.

---

[42] Informações obtidas no Curso Básico sobre Lei Rouanet, promovido pelo Ministério da Cultura — Delegacia Regional de São Paulo.

Outra dificuldade é o próprio desconhecimento das leis de incentivo à cultura, por parte tanto dos proponentes quanto dos incentivadores. O "mercado cultural" é recente no Brasil, sobretudo porque as lei de incentivo existem há menos de 10 anos.

A produção cultural no Brasil é uma de nossas maiores riquezas. Devemos, pois, saber explorá-la utilizando os instrumentos legais que nos são oferecidos, assim como buscar, estrategicamente, a conjugação de interesses entre incentivadores e proponentes.

Vale lembrar que para o mundo empresarial — que a cada dia vem se preocupando mais em desenvolver ações sociais — o apoio a projetos culturais tem sido uma das estratégia de marketing mais aplicadas, uma vez que, além de agregar valor social à imagem da empresa, proporciona significativa economia fiscal.

A seguir, passaremos a analisar as leis de incentivo à cultura no âmbito federal (Lei nº 8.313, de 23-12-1991 — Lei Rouanet — e Lei nº 9.874/99, de 23-11-1999) e municipal, examinando o exemplo da Lei de Incentivo do Município de São Paulo — Lei nº 10.923/1990, também chamada de Lei Mendonça.

Lei Rouanet

A Lei Federal de Incentivo à Cultura — nº 8.313/91 —, também conhecida como Lei Rouanet, tem como princípio fundamental a permissão, a pessoas físicas e jurídicas, de desconto no imposto de renda de investimentos (doações e patrocínios) em projetos culturais. Tais projetos devem ser previamente cadastrados e aprovados pelo Ministério da Cultura, de acordo com os critérios estabelecidos pela referida lei.

O Programa Nacional de Apoio à Cultura (Pronac) foi criado pela Lei nº 8.313/91 a fim de desenvolver a atividade cultural e dar prioridade à produção da cultura nacional. São três os mecanismos existentes para a captação e a canalização de recursos públicos e/ou privados: Fundo Nacional de Cultura (FNC), fundos de investimento cultural e artístico (Ficart) e incentivo a projetos culturais (Mecenato). Esses mecanismos visam necessariamente:

- a incentivar a formação artística e cultural mediante a concessão de bolsas de estudo, pesquisa e trabalho, a concessão de prêmios e a instalação e manutenção de cursos de caráter cultural;

- a fomentar a produção cultural e artística mediante a produção fonovideográfica de caráter cultural, a edição de obras, a realização de exposições, festivais de arte etc.;
- a preservar e difundir o patrimônio artístico, cultural e histórico;
- a estimular o conhecimento dos bens e valores culturais;
- a apoiar atividades culturais e artísticas.

O Fundo Nacional de Cultura (FNC) é um fundo de natureza contábil, constituído de recursos do Tesouro Nacional, de doações, legados, subvenções e auxílios de entidades e de organismos internacionais. Tem como característica captar e destinar recursos a projetos culturais compatíveis com as finalidades do Pronac, sobretudo bolsas de estudo e passagens aéreas. Podem se habilitar tanto pessoas jurídicas de direito público, quanto pessoas jurídicas de direito privado sem fins lucrativos.

Os financiamentos do FNC a órgãos públicos ou privados não podem ultrapassar 80% do valor do projeto. Os 20% restantes devem ser completados por outra fonte devidamente identificada.

A Lei Rouanet previu a constituição de fundos de investimento cultural e artístico (Ficart), sob a forma de condomínio, sem personalidade jurídica, caracterizando uma comunhão de recursos destinados à aplicação em projetos culturais e artísticos; porém tais fundos não estão em vigor.

No que diz respeito à forma de investimento, destaca-se o Mecenato. O investimento em produtos culturais pode ser feito sob a forma de doação e/ou de patrocínio.

- *Doação:* a transferência gratuita, em caráter definitivo, a pessoa física ou jurídica de natureza cultural, sem fins lucrativos, de recursos financeiros, bens ou serviços para a realização de projetos culturais, vedado o seu uso em publicidade para a divulgação das atividades objeto do respectivo projeto cultural;
- *Patrocínio:* a transferência gratuita, em caráter definitivo, a pessoa física ou jurídica de natureza cultural, com ou sem fins lucrativos, de recursos financeiros para a realização de projetos culturais, com finalidade promocional e institucional de publicidade.[43]

---

[43] Instrução Normativa MinC/MF nº 1, de 13-6-1995, art. 1º, parágrafo único, incisos I e II.

Podem ser beneficiários, isto é, investir em doação e/ou patrocínio tanto a pessoa jurídica tributada com base no lucro real, quanto a pessoa física que faça a declaração completa do imposto de renda. O incentivador não pode beneficiar projetos de pessoas ou instituições a ele vinculadas.[44]

Podem se habilitar a receber investimentos em seus projetos culturais aprovados de acordo com os critérios da lei a pessoa jurídica de direito privado com ou sem fins lucrativos, bem como a pessoa física.

Os projetos devem abranger as seguintes áreas:

- teatro, dança, circo, ópera, mímica e congêneres;
- produção cinematográfica, videográfica, fotográfica, discográfica e congêneres;
- literatura, inclusive obras de referência;
- música;
- artes plásticas, artes gráficas, gravuras, cartazes, filatelia e congêneres;
- folclore e artesanato;
- patrimônio cultural, inclusive histórico, arquitetônico, arqueológico, bibliotecas, museus, arquivos e demais acervos;
- humanidades; e
- rádio e televisão, educativas e culturais, de caráter não-comercial.

Cumpre ressaltar que os incentivos fiscais da Lei Rouanet não excluem ou reduzem outros benefícios, abatimentos ou deduções em vigor.

A seguir, examinaremos as regras de dedução previstas pela Lei Rouanet e exemplos práticos, a título elucidativo:

---

[44] Consideram-se vinculadas a pessoa jurídica da qual o doador ou patrocinador seja titular, administrador, gerente, acionista ou sócio na data da operação ou nos 12 meses anteriores; o cônjuge, os parentes até terceiro grau, inclusive afins, e os dependentes do doador ou patrocinador ou dos titulares, administradores, acionistas ou sócios de pessoa jurídica vinculada ao doador ou patrocinador; outra pessoa jurídica da qual o doador ou patrocinador seja sócio. Não se consideram vinculadas as instituições culturais sem fins lucrativos, criadas pelo doador ou patrocinador, desde que devidamente constituídas e em funcionamento, na forma da legislação em vigor (art. 27 da Lei nº 9.874/99).

PESSOA FÍSICA

Deduções

- Pode deduzir *80%* do montante investido quando estiver fazendo *doação;*
- Pode deduzir *60%* do montante investido quando estiver fazendo *patrocínio.*

Restrições

- Percentual de abatimento de até *6%* do IRPF;
- A declaração do IRPF deve ser completa.

Observação

- A doação e o patrocínio não são dedutíveis antes do imposto.

Exemplo prático de doação (doação de R$2.000,00)

	Com doação	**Sem doação**	**Diferença**
Rendimento anual (R$)	100.000,00	100.000,00	0,00
Doação (R$)	-2.000,00	0,00	2.000,00
Rendimento tributável anual (R$)	100.000,00	100.000,00	0,00
IRPF = 27,5%	27.500,00	27.500,00	0,00
Dedução do IRPF = 80% da doação*	1.600,00	0,00	**1.600,00** → ECONOMIA FISCAL
Total carga tributária (R$)	25.900,00	27.500,00	1.600,00

* Limite de dedução = 6% do IRPF = R$1.650,00.

Recuperação da doação = 80%

Exemplo prático de patrocínio (patrocínio de R$2.000,00)

	Com patrocínio	**Sem patrocínio**	**Diferença**
Rendimento anual (R$)	100.000,00	100.000,00	0,00
Patrocínio (R$)	-2.000,00	0,00	2.000,00
Rendimento tributável anual (R$)	100.000,00	100.000,00	0,00
IRPF = 27,5%	27.500,00	27.500,00	0,00
Dedução do IRPF = 60% do patrocínio*	1.200,00	0,00	**1.200,00** → ECONOMIA FISCAL
Total carga tributária (R$)	26.300,00	27.500,00	1.200,00

* Limite de dedução = 6% do IRPJ = R$ 1.650,00.

Recuperação da doação = 60%

PESSOA JURÍDICA

Deduções

- Pode deduzir *40%* quando estiver fazendo *doação*;
- Pode deduzir *30%* quando estiver fazendo *patrocínio*.

Restrições

- Percentual de abatimento de até *4%* do IRPJ devido;
- A pessoa jurídica deve ser tributada com base no lucro real.

Vantagens

- Pode acrescer à sua *despesa operacional* todo o montante investido nos projetos, diminuindo assim o IRPJ a pagar;
- Possibilidade de utilização de até 25% dos produtos culturais, por parte dos investidores, em fins promocionais, por exemplo: ingressos de teatro.

Exemplo prático de doação (doação = R$500.000,00).

	Com doação	Sem doação	Diferença	
Lucro bruto (R$)	25.000.000,00	25.000.000,00	0,00	
Despesa operacional (R$)	-500.000,00	5.000.000,00	500.000,00	
Lucro operacional (R$)	19.500.000,00	20.000.000,00	500.000,00	
CSLL = 8%	-1.560.000,00	-1.600.000,00	40.000,00	
IRPJ = 30%	-5.850.000,00	-6.000.000,00	150.000,00	
Dedução do IRPJ = 40% da doação*	200.000,00	0,00	200.000,00	
Total carga tributária (R$)	-7.210.000,00	7.600.000,00	**390.000,00** →	ECONOMIA FISCAL
Lucro real (R$)	12.290.000,00	12.400.000,00	-110.000,00	

* Limite de dedução = 4% (quatro por cento) do IRPJ = R$ 234.000,00

Recuperação da doação = 78%

Exemplo prático de patrocínio (patrocínio = R$500.000,00).

	Com patrocínio	**Sem patrocínio**	**Diferença**	
Lucro bruto (R$)	25.000.000,00	25.000.000,00	0,00	
Despesa operacional (R$)	500.000,00	5.000.000,00	500.000,00	
Lucro operacional (R$)	19.500.000,00	20.000.000,00	500.000,00	
CSLL = 8% (oito por cento)	-1.560.000,00	1.600.000,00	40.000,00	
IRPJ = 30% (trinta por cento)	5.850.000,00	-6.000.000,00	150.000,00	
Dedução do IRPJ = 30% (trinta por cento) do patrocínio*	150.000,00	0,00	150.000,00	
Total carga tributária (R$)	7.260.000,00	-7.600.000,00	**340.000,00**	→ ECONOMIA FISCAL
Lucro real (R$)	12.240.000,00	12.400.000,00	160.000,00	

* Limite de dedução = 4% do IRPJ = R$ 234.000,00

Recuperação da doação = 68%

Lei nº 9.874/99

A Lei nº 9.874, de 23-11-1999, alterou alguns dispositivos da Lei nº 8.313/91 — Lei Rouanet — e inovou quanto à possibilidade de dedução integral do imposto de renda devido. Os projetos devem abranger as seguintes áreas: artes cênicas; livros de valor artístico, literário ou humanístico; música erudita ou instrumental; circulação de exposições de artes plásticas; doações de acervos para bibliotecas públicas e museus.

Vejamos as regras de dedução com um exemplo prático.

Deduções

- *100%* do investimento (doações ou patrocínios) deduzidos do imposto de renda devido.

Restrições

- até o limite de *4%* para pessoa jurídica e de *6%* para pessoa física deste imposto para projetos que contemplem as áreas acima mencionadas.

Observação

- Para pessoa jurídica não há o benefício de lançar o incentivo como despesa operacional.

Exemplo prático pessoa física: é permitida a dedução integral (100%) da doação ou do patrocínio, limitado ao montante equivalente a 6% do IRPF devido.

	Com doação	**Sem doação**	**Diferença**	
Rendimento no ano (R$)	100.000,00	100.000,00	0,00	
Doação (R$)	-1.000,00	0,00	-1.000,00	
Rendimento tributável no ano (R$)	100.000,00	100.000,00	0,00	
IRPF = 27,5%	-27.500,00	-27.500,00	0,00	
Dedução do IRPF = 100% da doação*	1.000,00	0,00	**1.000,00** →	ECONOMIA FISCAL
Total carga tributária (R$)	-26.500,00	-27.500,00	1.000,00	

* Limite de dedução = 6% do IRPJ = R$1.650,00.

Recuperação da doação = 100%

Exemplo prático pessoa jurídica: é permitida a dedução integral (100%) da doação ou do patrocínio, limitado ao montante equivalente a 4% do IRPJ devido. As pessoas jurídicas que investem nas áreas acima referidas não têm o benefício da despesa operacional.

	Com doação	**Sem doação**	**Diferença**
Lucro bruto (R$)	25.000.000,00	25.000.000,00	0,00
Despesa operacional (R$)	5.000.000,00	-5.000.000,00	0,00
Lucro operacional (R$)	20.000.000,00	20.000.000,00	0,00
CSLL = 8% (oito por cento)	-1.600.000,00	1.600.000,00	0,00
IRPJ = 30% (trinta por cento)	-6.000.000,00	-6.000.000,00	0,00
Dedução do IRPJ = 100% da doação*	200.000,00	0,00	200.000,00
Total carga tributária (R$)	-7.400.000,00	-7.600.000,00	**200.000,00** → ECONOMIA FISCAL
Lucro real (R$)	12.600.000,00	12.400.000,00	200.000,00

* Limite de dedução = 4% do IRPJ = R$240.000,00

Recuperação da doação = 100%

Lei Mendonça — Lei de incentivo à cultura da cidade de São Paulo

A Lei Municipal nº 10.923, de 30-12-1990, também chamada Lei Mendonça, regulamentada pelo Decreto nº 29.687, de 17-4-1991, oferece como benefício fiscal ao contribuinte incentivador (pessoas físicas ou jurídicas) a dedução de 70% do valor investido no projeto, até o limite de 20% do total devido de ISS (imposto sobre serviço) e IPTU (imposto predial e territorial urbano). Mas a pessoa física ou jurídica pode lançar a diferença entre o investimento e o desconto do imposto, a seu favor, em outros pagamentos de impostos, num prazo de 24 meses, podendo nesse período resgatar o total de descontos a que tem direito.

Os projetos devem ser aprovados pela Comissão da Secretaria Municipal da Cultura, a qual deve expedir o "certificado declaratório" para ser apresentado ao contribuinte incentivador. De posse do certificado, pode-se pagar o tributo já descontado do incentivo municipal.

Doações destinadas à atividade audiovisual

A Lei Federal nº 8.685/93 de incentivo a obras cinematográficas, de 20-7-1993, com alterações acrescentadas pela Lei nº 9.323, de 5-12-1996, dispõe que até o ano de 2003, inclusive, poderão ser deduzidos do imposto de renda os investimentos realizados na produção de obras audiovisuais cinematográficas brasileiras de produção independente, mediante a aquisição de quotas de seus direitos de comercialização, desde que os projetos sejam aprovados pelo Ministério da Cultura.

O investimento é na forma de ativo circulante, mediante a compra de certificados de investimento audiovisual, com valor mobiliário, que geram participação na receita proveniente da comercialização da obra.

O limite de desconto do imposto devido é de *3%* tanto para pessoas físicas quanto para jurídicas. O limite máximo para o aporte de recursos objeto dos incentivos por projeto é de R$3.000.000,00.

As pessoas jurídicas tributadas com base no lucro real podem ainda abater o total dos investimentos efetuados como despesa operacional.

Os projetos apresentados com base na Lei do Audiovisual devem, necessariamente, atender aos seguintes requisitos, sendo vedado o apoio a projetos de natureza publicitária:

- contrapartida de recursos próprios ou de terceiros correspondente a 20% do valor global;
- limite máximo de captação de R$3.000.000,00;
- viabilidade técnica e artística;
- viabilidade comercial;
- aprovação do orçamento e do cronograma físico das etapas de realização e desembolso, fixado o prazo de conclusão.

Doações a entidades civis que prestam serviços gratuitos — de utilidade pública e OSCIPs

A Lei nº 9.249, de 26-12-1995, prevê, no inciso III do §2º do artigo 13, a dedução de doações até o limite de 2% do lucro operacional da pessoa jurídica (antes de computada a dedução), efetuadas a entidades civis legalmente constituídas no Brasil, sem fins lucrativos, que prestem serviços gratuitos em benefício de empregados da pessoa jurídica doadora e respectivos dependentes, ou em benefício da comunidade em que atuam, observadas as seguintes regras:

- as doações, quando em dinheiro, devem ser feitas mediante crédito em conta corrente bancária, diretamente em nome da entidade beneficiária;
- a pessoa jurídica doadora deve manter em arquivo, à disposição da fiscalização, declaração, segundo modelo aprovado pela Secretaria da Receita Federal,[45] fornecida pela entidade beneficiária, em que esta se compromete a aplicar integralmente os recursos recebidos na realização de seus objetivos sociais, com identificação da pessoa física responsável pelo seu cumprimento, e a não distribuir lucros, bonificações ou vantagens a dirigentes, mantenedores ou associados, sob nenhuma forma ou pretexto;
- a entidade civil beneficiária deve ser reconhecida como de utilidade pública por ato formal de órgão competente da União, exceto quando se tratar de entidade que preste exclusivamente serviços gratuitos em benefício de empregados da pessoa jurídica doadora[46] ou da comunidade em que atua.

Cabe ressaltar que a Medida Provisória nº 2.113-30, de 26-4-2001, reconhece, em seu artigo 59, que podem também ser beneficiárias de doações, nos termos e condições estabelecidos pelo inciso III do §2º do artigo 13 da Lei nº 9.249, de 1995,[47] as Organizações da Sociedade Civil de Interesse Público — OSCIP qualificadas segundo as normas estabelecidas na Lei nº 9.790, de 23 de março de 1999[48]

---

[45] Instrução Normativa SRF nº 87, de 1996.

[46] Instrução Normativa SRF nº 11, de 1996, artigo 28, §3º, "a".

[47] Às entidades qualificadas como organizações da sociedade civil de interesse público (OSCIP) não se aplica a exigência estabelecida na Lei nº 9.249, de 1995, art. 13, §2º, inciso III, alínea "c", ou seja, não há obrigatoriedade de serem reconhecidas como de utilidade pública por ato formal de órgão competente da União.

[48] A inovação trazida pelo artigo 59, aplica-se em relação às doações efetuadas a partir do ano-calendário de 2001.

Assim, a dedutibilidade das doações em questão fica condicionada a que a entidade beneficiária tenha sua condição de utilidade pública ou de OSCIP renovada anualmente pelo órgão competente da União, mediante ato formal.

Doações a instituições de ensino e pesquisa

O inciso II do §2º do artigo 13 da Lei nº 9.249, de 26-12-1995, estabelece que podem ser deduzidas as doações efetuadas às instituições de ensino e pesquisa cuja criação tenha sido autorizada por lei federal e que preencham os requisitos dos incisos I e II do artigo 213 da Constituição Federal,[49] até o limite de 1,5% do lucro operacional, antes de computada a sua dedução e a da doação às entidades civis que prestem serviços gratuitos.

No entanto, observa Anna Cynthia Oliveira:[50]

> "Importa notar é que a hipótese da doação beneficia as 'instituições de ensino e pesquisa cuja criação tenha sido autorizada por lei federal e que preencham os requisitos dos incisos I e II do artigo 213 da Constitução Federal' — i.e.: escolas comunitárias, confessionais ou filantrópicas — privadas em suma — de comprovada finalidade não-lucrativa, aplicando excedentes na educação e cujo patrimônio reverta a entidade congênere ou ao poder público, em caso de se encerrarem suas atividades. Ora, instituição criada por lei federal é autarquia ou fundação pública. A referência ao dispositivo constitucional sugere, então, que figuras híbridas sejam criadas como pessoas de direito privado por autorização legal, com a finalidade de complementar a ação governamental no elástico campo do ensino e da pesquisa, tendo acesso a recursos públicos e a doações privadas dedutíveis."

---

[49] "Art. 213. Os recursos públicos serão destinados às escolas públicas, podendo ser dirigidos às escolas comunitárias, confessionais ou filantrópicas, definidas em lei, que:
I — comprovem finalidade não-lucrativa e apliquem seus excedentes financeiros em educação;
II — assegurem a destinação de seu patrimônio a outra escola comunitária, filantrópica ou confessional, ou ao poder público, no caso de encerramento de suas atividades."

[50] Oliveira (1997:59).

CAPÍTULO 6

Qualificação como organização da sociedade civil de interesse público (OSCIP)

Antecedentes

Em linhas gerais, no tocante à constituição de associações, o sistema brasileiro pode ser assim descrito:

- facilidade de formalização como associação sem fins lucrativos: basta que esta categoria conste no estatuto social da entidade, devidamente registrado em cartório de títulos e documentos;
- facilidade de classificação como associação sem fins lucrativos no Cadastro Nacional de Pessoas Jurídicas do Ministério da Fazenda, bastando apresentar o estatuto devidamente registrado em cartório. Esse cadastramento, aliado a outros critérios formais, confere o acesso à imunidade fiscal — a não-incidência de impostos, nos âmbitos federal, estadual e municipal.

Essa sistemática é ágil e reconhece a liberdade de associação, mas tem aspectos inconvenientes:

- entidades de fins muito diversos e heterogêneos têm igual reconhecimento jurídico e acesso a benefícios fiscais;
- entidades que "só existem no papel" — as chamadas "entidades-fantasma" — têm acesso relativamente fácil ao reconhecimento jurídico e a benefícios fiscais. Em 1993, a CPI do Orçamento revelou um amplo esquema de corrupção envolvendo verbas públicas que eram destinadas a entidades-fantasma;
- até recentemente, era freqüente encontrar em jornais e revistas de ampla circulação matérias sobre entidades de fins privados que gozavam de pri-

vilégios fiscais por se autodefinirem como "entidades filantrópicas". Assim, um clube de tênis de elite, que privilegie fundamentalmente seus próprios membros, é legalmente reconhecido com entidade filantrópica;

- o público em geral não consegue distinguir as entidades idôneas das entidades-fantasma. Isso prejudica a imagem do terceiro setor como um todo, e dificulta o desenvolvimento de uma cultura de doações no setor privado.[51]

Um breve exame deste quadro permite compreender a demanda por melhor qualificação das entidades do terceiro setor. Após consultar segmentos da sociedade civil e representantes de entidades do terceiro setor, o Poder Executivo apresentou um projeto — aprovado como Lei nº 9.790, de 23-3-1999 — dispondo, precisamente, sobre a qualificação de pessoas jurídicas de direito privado, sem fins lucrativos, como *organizações da sociedade civil de interesse público.*

Considera-se que o interesse público — tal como apontado na justificativa do anteprojeto — resulta da soma de dois fatores: 1) a finalidade e o regime de funcionamento, que compreende transparência e responsabilidade no trato dos recursos e do patrimônio social, bem como o cumprimento de determinadas obrigações para com o Estado; e 2) existência de mecanismos de auto-regulação e dispositivos institucionais de responsabilização.

Para que uma entidade seja classificada como organização da sociedade civil de interesse público, o projeto aprovado estabelece que os objetivos sociais da entidade devem abranger pelo menos um dos seguintes aspectos:

- promoção da assistência social;
- promoção da cultura, defesa e conservação do patrimônio histórico e artístico;

---

[51] A esse respeito, vale conhecer uma iniciativa do professor e consultor de empresas Stephen Kanitz para aumentar a visibilidade e a transparência dessas entidades. Em 1997, ele instituiu um prêmio simbólico na área de filantropia denominado Prêmio Bem Eficiente, de âmbito nacional. Estabeleceu 42 critérios para avaliar as instituições sem fins lucrativos — por exemplo, o nível de repasse de recursos ao destinatário final, doador, eficiência, organização, cumprimento da legislação. A auditoria da apuração é feita pela Price Waterhouse. Qualquer entidade que o deseje pode concorrer ao prêmio, que contempla anualmente 50 entidades. O prêmio confere uma espécie de certificado de garantia: significa aumento na entrada de recursos de doações, melhoria da auto-imagem e satisfação dos voluntários.

- promoção gratuita da educação, observando-se a forma complementar de participação de que trata esta lei;
- promoção gratuita da saúde, observando-se a forma complementar de participação das organizações de que trata esta lei;
- promoção da segurança alimentar e nutricional;
- defesa, preservação e conservação do meio ambiente e promoção do desenvolvimento sustentável;
- promoção do voluntariado;
- promoção do desenvolvimento econômico e social e do combate à pobreza;
- experimentação, não lucrativa, de novos modelos socioprodutivos e de sistemas alternativos de produção, comércio, emprego e crédito;
- promoção de direitos estabelecidos, construção de novos direitos e assessoria jurídica gratuita de interesse suplementar;
- promoção da ética, da paz, da cidadania, dos direitos humanos, da democracia e de outros valores universais;
- estudos e pesquisas, desenvolvimento de tecnologias alternativas, produção e divulgação de informações e conhecimentos técnicos e científicos que digam respeito às atividades mencionadas.

O elenco apresentado corresponde às finalidades da maioria das organizações do terceiro setor que o governo pretende estimular. Os enunciados são suficientemente amplos para abrigar, ao lado das categorias tradicionais — assistência, saúde, educação — as categorias emergentes. Permitem, por exemplo, que sejam qualificadas como de caráter público entidades de defesa de direitos humanos, de promoção do voluntariado, defesa do consumidor ou de combate à fome.

A dedicação a alguma das finalidades acima elencadas é condição necessária, mas não suficiente para a qualificação como entidade de caráter público. A lei exige que os estatutos disponham *expressamente* sobre a observância dos princípios legais, a adoção de práticas de gestão transparentes, a constituição de um conselho fiscal, a destinação do patrimônio a entidade congênere, a submissão a prestação de contas, nas formas especificadas no art. 3º da lei (ver quadro).

A inovação mais surpreendente é a possibilidade de se instituir remuneração para os dirigentes da entidade que atuem efetivamente na gestão executiva e para aqueles que lhes prestam serviços específicos, respeitados, em ambos os casos, os valores praticados pelo mercado na região correspondente à sua área de atuação.

Além das entidades de caráter mercantil ou lucrativas, o projeto exclui do novo regime as seguintes entidades:

- entidades corporativas, representativas de interesses profissionais ou econômicos (como é o caso dos sindicatos e das associações de classe ou de categoria profissional por base territorial ou ramo de atividade e suas articulações, federações, confederações e centrais). Note-se que, atualmente, um percentual significativo de entidades sem fins lucrativos pertence a esse gênero. Uma pesquisa parcial no município de São Paulo aponta para 8% de associações de tipo profissional;
- organizações religiosas e assemelhadas (ou seja, aquelas instituições precipuamente voltadas para a disseminação de credos, cultos, práticas e visões devocionais e confessionais);
- organizações partidárias e assemelhadas, inclusive suas fundações. Há aqui também um aperfeiçoamento importante. Atualmente, as fundações vinculadas a partidos políticos gozam não só de imunidade fiscal como também de permissão legal para empregar em finalidades eminentemente partidárias outros recursos públicos a que têm acesso;
- entidades de benefício mútuo, destinadas a proporcionar bens e serviços a um círculo restrito de sócios (como é o caso dos clubes, das instituições de previdência privada e dos fundos de pensão e assemelhados). Apenas a título ilustrativo, vale lembrar que, no Brasil, as entidades fechadas de previdência privada — que cobram contribuições mensais de seus associados e apenas a estes dirigem seus benefícios — têm sido consideradas imunes a impostos, embora não haja unanimidade em relação à matéria. Vê-se, pois, como necessária a exclusão de tais entidades da categoria de organizações sociais de caráter público;
- planos de saúde e assemelhados;
- hospitais e suas mantenedoras. Atualmente, hospitais que ofereçam uma pequena parcela de serviços gratuitos usufruem de amplos benefícios fiscais. Assim, a renúncia fiscal não é compensada pelos serviços prestados pelos denominados "hospitais filantrópicos";
- escolas dedicadas ao ensino formal não-gratuito e suas mantenedoras. Esta é outra distorção que o sistema atual apresenta — escolas privadas

que oferecem pequena parcela de bolsas de estudo usufruem de amplos privilégios fiscais;

- cooperativas de qualquer tipo ou gênero;
- fundações públicas ou associações de direito privado criadas por órgão público ou por fundação pública.

A nova qualificação proposta representa uma tentativa de classificação das entidades que compõem o terceiro setor. Trata-se de aspecto fundamental para dar mais transparência ao setor.

Aspectos controvertidos da nova lei

A aprovação da Lei nº 9.790/99 reflete o reconhecimento social e político do papel estratégico que o terceiro setor pode desempenhar como parceiro do poder público. Revela uma continuidade de esforços no sentido de aprimorar o arcabouço jurídico do terceiro setor, de que é exemplo a medida provisória convertida em lei em fevereiro de 1998 que regulamentou o serviço voluntário. E tem o mérito de haver sido editada sob a forma de lei, envolvendo o Legislativo nas discussões e debates, não obstante o caráter de urgência de sua aprovação.

Como aspectos positivos, ainda que de alcance limitado, cabe ressaltar que a nova lei enfrenta a questão essencial da *identidade* do terceiro setor (quem é quem nesse universo) como precondição para a celebração de convênios com o poder público, e cria mecanismos de parceria mais simples, ágeis e eficazes — sobretudo mais transparentes — do que os atualmente vigentes.

No entanto, a distinção entre "quem é quem" seria realmente útil se tivesse reflexos fiscais; por exemplo, se as doações feitas a entidades de interesse público fossem dedutíveis da base de cálculo do imposto de renda dos doadores, pessoas físicas ou jurídicas. Porém, a lei não só não favorece como ainda pode prejudicar as entidades qualificadas como de interesse público. Ao permitir a remuneração de dirigentes, induz a entidade a fazê-lo, mas se a entidade assim o fizer, sujeita-se a perder a imunidade ao imposto de renda, em razão do tratamento dado pela administração fazendária a essa matéria.[52]

---

[52] Ver capítulos referentes às relações de trabalho no terceiro setor e a imunidade e isenção de impostos.

A vantagem[53] de acesso à celebração de termos de parceria com o poder público, além de não estar ainda implementada, é discutível do ponto de vista jurídico.[54]

Pouco razoável é ainda a exigência de "escolha" de regime jurídico constante dos artigos finais da lei, pois as entidades só podem conviver com os títulos de OSCIP e outros (utilidade pública, certificado de fins filantrópicos etc.) até março de 2004[55] (prazo de cinco anos, contado a partir da data de edição da Lei nº 9.790/99).

Quanto ao título de utilidade pública, a opção só faria sentido se o título de OSCIP substituísse, para todos os efeitos legais, os benefícios atualmente oferecidos pelo título de utilidade pública, concedido, aliás, pelo mesmo órgão (Ministério da Justiça).

Em relação ao certificado de fins filantrópicos, o *nonsense* é ainda maior. Apenas as entidades de assistência social fazem jus a este certificado, que dá acesso à imunidade da contribuição para a seguridade social. Mas a entidade tem que renunciar a esse título para se qualificar como OSCIP. Ora, a assistência social é, como expressamente admitido na Lei nº 9.790/99, área de interesse público em que seria necessária a celebração de termos de parceria nos moldes propostos pela nova lei, substituindo o sistema de convênios, tão permeável a critérios políticos. Mas a exigência de opção por um ou outro regime impedirá a adesão de entidades de assistência social ao novo regime, frustrando — ao menos para o setor de assistência social — o principal mérito da lei, que era dar transparência aos ajustes com o poder público.

Enfim, a Lei nº 9.790/99 representa um avanço no que diz respeito a critérios para classificar e qualificar adequadamente as instituições do terceiro setor, como pré-requisito para o acesso a recursos públicos, com garantia da responsabilidade administrativa dos dirigentes e responsáveis pelas organizações. Mas a distinção, no estágio atual da legislação, trouxe benefícios duvidosos e prejuízos certos, razão pela qual permanece o desafio de encontrar

---

[53] Outra vantagem recente é o incentivo fiscal previsto na MP nº 2.113-30, de 26-4-2001. Sobre o assunto, ver seção do capítulo 5 sobre doações a entidades civis que prestam serviços gratuitos.

[54] Ver seção relativa a termos de parceria no capítulo 7.

[55] A Medida Provisória nº 2.123-29, de 23 de fevereiro de 2001, alterou o art. 18 da Lei nº 9.790/99, prorrogando o prazo para opção entre a qualificação como OSCIP e demais títulos por mais três anos.

mecanismos jurídicos capazes de corrigir os descompassos que o sistema continua apresentando, especialmente no âmbito fiscal.

A que entidade pode interessar a qualificação como OSCIP?

A qualificação como OSCIP, no estágio atual da legislação, pode interessar a entidades que não possuam outros títulos. É o caso das entidades recém-criadas, que ainda não podem pleitear o título de utilidade pública e atuam em área propícia à celebração de parcerias, como a ambiental.

As entidades que não queiram remunerar seus dirigentes para não perderem isenções, mas desejem ser qualificadas como OSCIPs, podem fazê-lo. No estatuto, deve ficar consignado que a entidade não remunera seus dirigentes, ou ser mencionada apenas a possibilidade de remuneração. Caso esta não se efetive, não há razão para a perda da isenção do imposto de renda, pois na declaração anual da entidade constará a inexistência de remuneração.

Verifica-se a tendência a que o título de OSCIP propicie um reconhecimento formal de credibilidade, ainda que não se faça acompanhar de benefícios fiscais. Este é também um fator de estímulo à qualificação.

Após dois anos de existência da lei, constata-se que "apenas 489 entidades em todo o Brasil solicitaram a qualificação de OSCIP, tendo sido deferidos 110 pedidos e indeferidos 379. Segundo informações do Ministério da Justiça, 90% dos indeferimentos ocorrem por não estar o estatuto da entidade em conformidade com a lei ou por falta de documentos exigidos para a instrução do pedido. Mas à medida que a lei se torna mais conhecida, esse problema vem diminuindo. De todos os pedidos feitos em 1999, apenas 6,5% foram deferidos; em 2000, esse número aumentou para 25%, e dos pedidos feitos até março de 2001, 70% já obtiveram o deferimento".[56]

Finalmente, cabe mencionar que a Lei de Diretrizes Orçamentárias para 2001 (Lei nº 9.995, de 25 de julho de 2000) tem como inovação a previsão de auxílios[57] a entidades qualificadas como OSCIP.

---

[56] Trezza (2001).

[57] Ver capítulo 8.

Texto da lei anotado

Texto aprovado	Observações
Capítulo 1 **Da qualificação como organização da sociedade civil de interesse público**	A distinção entre entidades de benefício mútuo ou de fim público consta do *Manual de práticas construtivas em matéria de regime legal aplicável às ONGs,* elaborado pelo Banco Mundial.
Art. 1º Podem qualificar-se como organizações da sociedade civil de interesse público as pessoas jurídicas de direito privado, sem fins lucrativos, desde que os respectivos objetivos sociais e normas estatutárias atendam aos requisitos instituídos por esta lei.	A nova qualificação pretende conferir maior transparência ao universo das entidades sem fins lucrativos, distinguindo como de interesse público apenas aquelas que: 1) assumam finalidades públicas que o governo quer incentivar; e 2) submetam-se a regime de funcionamento mais controlado pelo poder público. Em contrapartida, terão maior facilidade de acesso a recursos públicos, mediante incentivos ou parcerias.
§1º Para os efeitos desta lei, considera-se sem fins lucrativos a pessoa jurídica de direito privado que não distribui, entre os sócios ou associados, conselheiros, diretores, empregados ou doadores, eventuais excedentes operacionais, brutos ou líquidos, dividendos, bonificações, participações ou parcelas do seu patrimônio, auferidos mediante o exercício de suas atividades, e que os aplica integralmente na consecução do respectivo objeto social.	A lei estabelece condições relativas ao *regime de funcionamento*, exigindo o emprego integral de recursos na *finalidade* da entidade. Não impede, porém, a remuneração de dirigentes (ver art. 4º, inciso VI).
§2º Não são passíveis de qualificação como organizações da sociedade civil de interesse público (OSCIPs), ainda que se dediquem de qualquer forma às atividades descritas no art. 3º desta lei:	As entidades elencadas neste parágrafo não podem pleitear seu registro como organizações de interesse púbico. O elenco, em boa parte, é auto-explicativo. Em outros casos, a fronteira não é clara, havendo entidades privadas que prestam relevantes serviços públicos que estão *a priori* excluídas do novo regime.

continua

Texto aprovado	Observações
I — As sociedades comerciais;	
II — Os sindicatos, as associações de classe ou de representação de categoria profissional;	Trata-se de entidades que visam principalmente ao benefício de seus próprios membros. A lei pretende qualificar como de interesse social apenas aquelas entidades que beneficiam principalmente um público-alvo distinto dos próprios membros.
III — As instituições religiosas ou voltadas para a disseminação de credos, cultos, práticas e visões devocionais e confessionais;	Os templos de qualquer culto são imunes a impostos (art. 150, VI, b, da Constituição Federal). Muitas entidades religiosas prestam serviços públicos relevantes e sua exclusão *a priori* do novo regime pode se revelar prejudicial, já que limita as possibilidades de parceria com o setor público.
IV— As organizações partidárias e assemelhadas, inclusive suas fundações;	As fundações vinculadas a partidos políticos gozam de imunidade fiscal (art. 150, VI, c, da Constituição Federal). Além disso, podem empregar, legalmente, em finalidades eminentemente partidárias outros recursos públicos a que tenham acesso.
V — As entidades de benefício mútuo, destinadas a proporcionar bens ou serviços a um círculo restrito de sócios;	Este é o caso dos clubes recreativos ou literários, associações de bairro etc.
VI — As entidades e empresas que comercializam planos de saúde e assemelhados;	

continua

Texto aprovado	Observações
VII — As entidades hospitalares privadas não gratuitas e suas mantenedoras;	Adota-se o princípio da gratuidade. Não se atribui qualificação como de interesse público a entidades que cobram por seus serviços. A circunstância de prestá-los gratuitamente apenas a um grupo reduzido pode caracterizar filantropia, mas não assistência, nem interesse público. É importante a menção às mantenedoras. Estas constituem uma espécie de centro administrativo para "manter" entidades não-filantrópicas às quais se estende a isenção da quota patronal.
VIII — As escolas privadas dedicadas ao ensino formal não-gratuito e suas mantenedoras;	A concessão de vagas gratuitas serve para caracterizar a filantropia e permitir o acesso à isenção da quota patronal. No entanto, não é suficiente para a qualificação como entidade de interesse público.
IX — As organizações sociais;	Estas têm acesso aos contratos de gestão, nos termos da Lei nº 9.637, de 15 de maio de 1998, que dispõe sobre a qualificação de entidades como organizações sociais.
X — As cooperativas;	
XI — As fundações públicas;	
XII — As fundações, sociedades civis ou associações de direito privado criadas por órgão público ou por fundações públicas;	
XIII — As organizações creditícias que tenham qualquer tipo de vinculação com o sistema financeiro nacional a que se refere o art. 192 da Constituição Federal;	O art. 192 da Constituição Federal refere-se a instituições financeiras, bancárias, de seguro, resseguro, previdência e capitalização. As entidades fechadas de previdência privada não podem ser qualificadas como de interesse público.

continua

Texto aprovado	**Observações**
Art. 3º A qualificação instituída por esta lei, observado o princípio da universalização dos serviços, no respectivo âmbito de atuação das organizações, somente será conferida às pessoas jurídicas de direito privado sem fins lucrativos, cujos objetivos sociais tenham pelo menos uma das seguintes finalidades: I — promoção da assistência social; II — promoção da cultura, defesa e conservação do patrimônio histórico e artístico; III — promoção gratuita da educação, observando-se a forma complementar de participação de que trata esta lei; IV — promoção gratuita da saúde, observando-se a forma complementar de participação das organizações de que trata esta lei; V — promoção da segurança alimentar e nutricional; VI — defesa, preservação e conservação do meio ambiente e promoção do desenvolvimento sustentável; VII — promoção do voluntariado; VIII — promoção do desenvolvimento econômico e social e combate à pobreza; IX — experimentação, não lucrativa, de novos modelos socioprodutivos e de sistemas alternativos de produção, comércio, emprego e crédito; X — promoção de direitos estabelecidos, construção de novos direitos e assessoria jurídica gratuita de interesse suplementar;	A lista é taxativa. Os enunciados são específicos, mas comportam uma ampla gama de atividades sociais.

continua

Texto aprovado	Observações
XI — promoção da ética, da paz, da cidadania, dos direitos humanos, da democracia e de outros valores universais;	
XII — estudos e pesquisas, desenvolvimento de tecnologias alternativas, produção e divulgação de informações e conhecimentos técnicos e científicos que digam respeito às atividades mencionadas neste artigo.	
Parágrafo único — Para os fins deste artigo, a dedicação às atividades nele previstas configura-se mediante a execução direta de projetos, programas, planos de ações correlatas, por meio da doação de recursos físicos, humanos e financeiros, ou ainda pela prestação de serviços intermediários de apoio a outras organizações sem fins lucrativos e a órgãos do setor público que atuem em áreas afins.	
Art. 4º Atendido ao disposto no artigo anterior, exige-se ainda, para qualificarem-se como organizações da sociedade civil de interesse público, que as pessoas jurídicas interessadas sejam regidas por estatutos, cujas normas expressamente disponham sobre:	O inciso I trata de princípios básicos da administração pública que devem ser observados também pelas organizações qualificadas como de interesse público.
I — a observância dos princípios da legalidade, impessoalidade, moralidade, publicidade, economicidade e eficiência;	A exigência de tais termos no estatuto revela um formalismo desnecessário. A construção de novos direitos (art. 3º, X) pode supor conflito real ou aparente com o princípio da legalidade.

continua

Texto aprovado	Observações
II — a adoção de práticas de gestão administrativa, necessárias e suficientes a coibir a obtenção, de forma individual ou coletiva, de benefícios ou vantagens pessoais, em decorrência da participação no respectivo processo decisório; III — a constituição de conselho fiscal ou órgão equivalente, dotado de competência para opinar sobre os relatórios de desempenho financeiro e contábil, e sobre as operações patrimoniais realizadas, emitindo pareceres para os organismos superiores da entidade; IV — a previsão de que, em caso de dissolução da entidade, o respectivo patrimônio líquido será transferido a outra pessoa jurídica qualificada nos termos desta lei, preferencialmente que tenha o mesmo objeto social da extinta; V — a previsão de que, na hipótese de a pessoa jurídica perder a qualificação instituída por esta lei, o respectivo acervo patrimonial disponível, adquirido com recursos públicos durante o período em que perdurou aquela qualificação, será transferido a outra pessoa jurídica qualificada nos termos desta lei, preferencialmente que tenha o mesmo objeto social;	

continua

Texto aprovado	Observações
VI — a possibilidade de se instituir remuneração para os dirigentes da entidade que atuem efetivamente na gestão executiva e para aqueles que a ela prestam serviços específicos, respeitados, em ambos os casos, os valores praticados pelo mercado, na região correspondente à sua área de atuação;	Essa possibilidade rompe com a forte tradição do serviço voluntário na direção dessas entidades. Muitas delas carecem de recursos para pagar remunerações excessivas, ou, tradicionalmente, remuneram modicamente seus empregados. A possibilidade de remuneração introduz a questão de os salários dos dirigentes serem *compatíveis com o mercado*, e abre as portas para controvérsias acerca da distribuição disfarçada de lucros. A direção de determinadas entidades exige freqüência a reuniões, disponibilidade de tempo e assunção de responsabilidades que tornam razoável e lógica a remuneração. Esta, porém, desvia recursos de atividades-fim para atividades-meio. Tem a vantagem, todavia, de atrair profissionais competentes, o que também pode ser um objetivo prioritário da entidade. A inovação também amplia as possibilidades de carreiras no terceiro setor.[58]
VII — as normas de prestação de contas a serem observadas pela entidade, que determinarão no mínimo: • a observância dos princípios fundamentais de contabilidade e das Normas Brasileiras de Contabilidade; • que se dê publicidade, por qualquer meio eficaz, no encerramento do exercício fiscal, ao relatório de atividades e demonstrações financeiras da entidade, incluindo-se as certidões negativas de débitos junto ao INSS e ao FGTS, colocando-as à disposição para exame de qualquer cidadão;	

continua

[58] A respeito, ver Jordan (1998).

Texto aprovado	Observações
• a realização de auditoria, inclusive por auditores externos independentes se for o caso, da aplicação dos eventuais recursos objetos do Termo de Parceria, conforme previsto em regulamento;	O regulamento pode prever os casos em que se faz necessária uma auditoria externa, e sobre quem recai o ônus respectivo.
• a prestação de contas de todos os recursos e bens de origem pública recebidos pelas organizações da sociedade civil de interesse público será feita conforme determina o parágrafo único do art. 70 da Constituição Federal.	O parágrafo único do artigo 70 da Constituição Federal dispõe que "prestará contas qualquer pessoa física ou entidade pública que utilize, arrecade, guarde, gerencie ou administre dinheiros, bens e valores públicos ou pelos quais a União responda, ou que, em nome desta, assuma obrigações de natureza pecuniária".
Art. 5º Cumpridos os requisitos dos artigos 3º e 4º, a pessoa jurídica de direito privado sem fins lucrativos, interessada em obter a qualificação instituída por esta lei, deverá formular requerimento escrito ao Ministério da Justiça, instruído com cópias autenticadas dos seguintes documentos: 1 — Estatuto registrado em cartório; 2 — Ata de eleição de sua atual diretoria; 3 — Balanço patrimonial e demonstração do resultado do exercício; 4 — Declaração de isenção do imposto de renda; 5 — Inscrição no cadastro geral de contribuintes.	A obtenção da qualificação está centralizada e simplificada. A obtenção do título de utilidade pública e do certificado de fins filantrópicos requer múltiplas instituições e procedimentos administrativos rígidos para cadastramentos, além de excessiva burocracia na renovação de documentos.
Art. 6º Recebido o requerimento previsto no artigo anterior, o Ministério da Justiça emitirá, no prazo de 15 dias da decisão, certificado de qualificação da requerente como organização da sociedade civil de interesse público.	

continua

Texto aprovado	Observações
§1º No caso de deferimento, o Ministério da Justiça emitirá, no prazo de 15 dias da decisão, certificado de qualificação da requerente como organização da sociedade civil de interesse público.	
§2º Indeferido o pedido, o Ministério da Justiça, no prazo do parágrafo anterior, dará ciência da decisão, mediante publicação no Diário Oficial.	
§3º O pedido de qualificação somente será indeferido quando: I — a requerente enquadrar-se nas hipóteses previstas no artigo 2º desta lei; II — a requerente não atender aos requisitos descritos nos artigos 3º e 4º desta lei; III — a documentação apresentada estiver incompleta.	
Art. 7º Perde-se a qualificação de organização da sociedade civil de interesse público a pedido ou mediante decisão proferida em processo administrativo ou judicial, de iniciativa popular ou do Ministério Público, no qual terão ampla defesa e o devido contraditório.	
Art. 8º Vedado o anonimato, e desde que amparado por fundadas evidências de erro ou fraude, qualquer cidadão, respeitadas as prerrogativas do Ministério Público, é parte legítima para requerer, judicial ou administrativamente, a perda da qualificação instituída por esta lei.	

continua

Texto aprovado	Observações
Capítulo 2 **Do termo de parceria**	
Art. 9º Fica instituído o termo de parceria, assim considerado o instrumento passível de ser firmado entre o poder público e as entidades qualificadas como organizações da sociedade civil de interesse público destinado à formação de vínculo de cooperação entre as partes, para o fomento e a execução das atividades de interesse público previstas no art. 3º desta lei.	O termo de parceria foi concebido como instrumento de fomento para permitir a negociação de objetivos e metas entre as partes e o monitoramento e a avaliação dos projetos.
Art. 10 O termo de parceria firmado de comum acordo entre o poder público e as organizações da sociedade civil de interesse público discriminará direitos, responsabilidades e obrigações das partes signatárias.	O art. 37, XXI, da Constituição Federal estabelece a licitação como procedimento prévio necessário à contratação de serviços pelo poder público. É necessário que a lei ressalve as hipóteses de dispensa de licitação. A lei em comento não cria hipótese de dispensa nem discrimina critérios de escolha da entidade parceira.
§1º A celebração do termo de parceria será precedida de consulta aos conselhos de políticas públicas das áreas correspondentes de atuação existentes, nos respectivos níveis de governo.	Este critério de escolha — consulta aos conselhos de políticas públicas — não equivale, por si só, à dispensa de licitação, que deve ser ressalvada expressamente.
§2º São cláusulas essenciais do termo de parceria:	As cláusulas essenciais dos termos de parcerias enfatizam o controle na execução.
I — a do objeto, que conterá a especificação do programa de trabalho proposto pela organização da sociedade civil de interesse público;	
II — a de estipulação de metas e dos resultados a serem atingidos e respectivos prazos de execução ou cronograma;	

continua

Texto aprovado	Observações
III — a de previsão expressa dos critérios objetivos de avaliação de desempenho a serem utilizados, mediante indicadores de resultado;	
IV — a de previsão de receitas e despesas a serem realizadas em seu cumprimento, estipulando item por item as categorias contábeis usadas pela organização e o detalhamento das remunerações e benefícios de pessoal a serem pagos, com recursos oriundos ou vinculados ao termo de parceria, a seus diretores, empregados e consultores;	
V — a que estabelece as obrigações da sociedade civil de interesse público, entre as quais a de apresentar ao poder público, ao término de cada exercício, relatório sobre a execução do objeto do termo de parceria, contendo comparativo específico das metas propostas com os resultados alcançados, acompanhado de prestação de contas dos gastos e receitas efetivamente realizados, independente das previsões mencionadas no inciso IV deste artigo;	
VI — a de publicação, na imprensa oficial do município, do estado ou da União, conforme o alcance das atividades celebradas entre o órgão parceiro e a organização da sociedade civil de interesse público, de extrato do termo de parceria e de demonstrativo da sua execução física e financeira, conforme modelo simplificado estabelecido no regulamento desta lei, contendo os dados principais da documentação obrigatória do inciso anterior, sob pena de não liberação dos recursos previstos no termo de parceria.	A publicidade, que é ônus do poder público, torna-se requisito essencial para a liberação de verbas. Aguarda-se o regulamento federal que estabeleça o modelo simplificado de demonstrativo da execução do termo de parceria.

continua

Texto aprovado	Observações
Art. 11 A execução do objeto do termo de parceria será acompanhada e fiscalizada por órgão do poder público da área de atuação correspondente à atividade fomentada e pelos conselhos de políticas públicas das áreas correspondentes de atuação existente, em cada nível de governo.	
§1º Os resultados atingidos com a execução do termo de parceria devem ser analisados por comissão de avaliação, composta de comum acordo entre o órgão parceiro e a organização da sociedade civil de interesse público.	A comissão de avaliação deve opinar sobre o adequado cumprimento do objeto.
§2º A comissão encaminhará à autoridade competente relatório conclusivo sobre a avaliação procedida.	
§3º Os termos de parceria destinados ao fomento de atividades nas áreas de que trata essa lei estarão sujeitos aos mecanismos de controle social previstos na legislação.	A Constituição Federal prevê a ação popular como instrumento de atuação do cidadão em face de malversação de recursos públicos. A Lei nº 8.666/93, relativa a licitações, prevê que qualquer pessoa comunique desvios análogos ao Ministério Público.
Art. 12 Os responsáveis pela fiscalização do termo de parceria, ao tomarem conhecimento de qualquer irregularidade ou ilegalidade na utilização de recursos ou bens de origem pública pela organização parceira, darão imediata ciência ao Tribunal de Contas respectivo e ao Ministério Público, sob pena de responsabilidade solidária.	A legislação trata com rigor a eventual omissão dos responsáveis pela fiscalização.

continua

Texto aprovado	Observações
Art. 13 Sem prejuízo da medida a que se refere o artigo anterior, havendo indícios fundados de malversação de bens ou recursos de origem pública, os responsáveis pela fiscalização representarão ao Ministério Público, à Advocacia Geral da União, para que requeira ao juízo competente a indisponibilidade dos bens da entidade, o seqüestro dos bens dos seus dirigentes, bem como do agente público ou terceiro que possam ter enriquecido ilicitamente ou causado dano ao patrimônio público, além de outras medidas consubstanciadas na Lei nº 8.429, de 2 de junho de 1992, e na Lei Complementar nº 64, de 18 de maio de 1990.	A Lei nº 8.429, de 2 de junho de 1992, dispõe sobre as sanções aplicáveis aos agentes públicos nos casos de enriquecimento ilícito no exercício de mandato, cargo, emprego ou função na administração pública direta, indireta ou fundacional. A Lei Complementar nº 64, de 18 de maio de 1992, estabelece casos de inelegibilidade.
§1º O pedido de seqüestro será processado de acordo com o disposto nos artigos 822 e 825 do Código de Processo Civil.	
§2º Quando for o caso, o pedido incluirá a investigação, o exame e o bloqueio de bens, contas bancárias e aplicações mantidas pelo demandado no país e no exterior, nos termos da lei e dos tratados internacionais.	
§3º Até o término da ação, o poder público permanecerá como depositário e gestor dos bens e valores seqüestrados ou indisponíveis e velará pela continuidade das atividades sociais da organização parceira.	A disposição é uma aplicação do princípio da continuidade do serviço público.

continua

Texto aprovado	Observações
Art. 14 A organização parceira fará publicar, no prazo máximo de 30 dias, contados da assinatura do termo de parceria, regulamento próprio contendo os procedimentos que adotará para a contratação de obras e serviços, bem como para compras com emprego de recursos provenientes do poder público, observados os princípios do artigo 4º, inciso I, desta lei.	O emprego de recursos públicos nas contratações efetuadas pelas organizações de interesse público não se submete ao regime licitatório, mas deve observar os princípios inerentes à administração pública. Espera-se maior agilidade operacional, com critérios a serem definidos.
Art. 15 Caso a organização adquira bem imóvel com recursos provenientes da celebração do termo de parceria, este será gravado com cláusula de inalienabilidade.	Os bens adquiridos com recursos públicos pelas organizações de interesse público não poderão ser vendidos ou alienados.
Capítulo 3 **Das disposições finais e transitórias**	
Art. 16 É vedada às entidades qualificadas como organizações da sociedade civil de interesse público a participação em campanhas de interesse político-partidário ou eleitorais, sob quaisquer meios ou formas.	As organizações de interesse público podem ter atuação de natureza política (defesa de direitos humanos, construção de novos direitos) mas não de natureza partidária (apoio a candidatos, promoção de ideologia política). A fronteira, porém, nem sempre é clara, e o regulamento da lei poderá estabelecer critérios de distinção. Esta proibição consagra a idéia da neutralidade, no sentido de defesa do contribuinte, que não deve subsidiar, mesmo indiretamente, idéias ou atividades políticas com as quais não concorde.
Art. 17 O Ministério da Justiça permitirá, mediante requerimento dos interessados, livre acesso público a todas as informações pertinentes às organizações da sociedade civil de interesse público.	Trata-se de um instrumento importante de transparência, que permite a reunião de dados em um único órgão e o conhecimento público das entidades que terão maior acesso a recursos públicos.

continua

Texto aprovado	Observações
Art. 18 As pessoas jurídicas de direito privado sem fins lucrativos, qualificadas com base em outros diplomas legais, poderão qualificar-se como organizações da sociedade civil de interesse público, desde que atendidos os requisitos para tanto exigidos, sendo-lhes assegurada a manutenção simultânea dessas qualificações, até cinco anos contados da data da vigência desta lei.	Nova redação dada pela Medida Provisória nº 2.123-29, de 23 de fevereiro de 2001.
§1º Findo o prazo de cinco anos, a pessoa jurídica interessada em manter a qualificação prevista nesta lei deverá por ela optar, fato que implicará a renúncia automática de suas qualificações anteriores.	As qualificações anteriores dizem respeito aos títulos de utilidade pública, ao registro no CNAS e ao certificado de fins filantrópicos. Este certificado confere benefícios que a qualificação como organização de interesse social não confere. Portanto, não faz sentido — a menos que lei complementar venha a estabelecer critérios mais rígidos para o acesso à isenção da quota patronal, ou estabeleça a condição de organização de interesse social para gozo deste benefício.
§2º Caso não seja feita a opção prevista no parágrafo anterior, a pessoa jurídica perderá automaticamente a qualificação obtida nos termos desta lei.	
Art. 19 O Poder Executivo regulamentará esta lei no prazo de 30 dias.	
Art. 20 Esta lei entrará em vigor na data de sua publicação.	

CAPÍTULO 7

Contratos, convênios e parcerias com o poder público

Introdução

O governo federal realizou uma ampla pesquisa em 1997 a fim de obter elementos para a revisão da legislação incidente sobre as entidades sem fins lucrativos. No que diz respeito aos critérios para celebração de convênios ou parcerias com o poder público, foram detectadas como as maiores dificuldades encontradas pelas entidades:

- o excesso de exigências burocráticas para a participação em licitações e a celebração de contratos com o poder público;
- a inexistência de normas que garantam a competição entre as entidades para a celebração de convênios com o poder público e a demanda por transparência na escolha das entidades que recebem recursos governamentais;
- a ausência de responsabilização dos dirigentes de entidades por desvio na aplicação de fundos públicos, bem como a prevalência de aspectos meramente formais na avaliação da prestação de contas;
- a insuficiência dos recursos repassados, que não cobrem todos os custos administrativos e de pessoal.

O tema reveste-se de particular importância, pois as entidades sem fins lucrativos prestam certos serviços — saúde, educação, capacitação profissional etc. — com mais eficiência e a menor custo que o governo. Mas, para se beneficiar disso, o governo precisa de alguma forma "contratá-las".

Surge então a questão: como formalizar a celebração de um acordo entre o poder público — federal, estadual ou municipal — e uma entidade sem fins lucrativos? Como escolher a entidade parceira? Que procedimentos observar?

Primeiro, convém abordar o que se denomina juridicamente por contrato, convênio ou parceria, para verificar o regime jurídico correspondente a cada um desses institutos. Na seqüência, cada uma dessas figuras será analisada com mais precisão.

Contratos, convênios e parcerias com o poder público

Na linguagem corrente, os termos "contrato", "convênio" e "parceria" são utilizados indistintamente, para designar, genericamente, um ajuste ou acordo de vontades. No entanto, interessa-nos distinguir essas expressões sob o aspecto técnico-jurídico, para esclarecer questões relativas aos possíveis ajustes entre o poder público e as entidades sem fins lucrativos.

O termo *contrato* designa genericamente o acordo entre duas ou mais pessoas que transferem entre si algum direito ou se sujeitam a alguma obrigação, bem como designa o documento resultante desse acordo. O poder público pode celebrar contratos com entidades sem fins lucrativos, contratos estes que, via de regra, devem ser precedidos de licitação.

O termo *convênio* é empregado em direito administrativo para designar um acordo entre pessoas jurídicas de direito público (União, estados, municípios). Pode também ser empregado para designar acordo entre entidades sem fins lucrativos e o poder público (federal, estadual ou municipal). Geralmente, quando se emprega o termo convênio (em vez de contrato), quer-se ressaltar que as partes convenentes têm um interesse comum e não interesses opostos, como ocorre na típica relação contratual (por exemplo: o fornecedor quer vender e o poder público quer adquirir determinado material). Discute-se que critérios devem presidir a escolha de uma entidade sem fins lucrativos para a celebração de um convênio.

O termo *parceria* designa, de modo mais específico, a relação que se estabelece entre o poder público e as entidades sem fins lucrativos qualificadas como OSCIPs — organizações da sociedade civil de interesse público. De fato, a Lei nº 9.790/99 e o Decreto nº 3.100/99, que a regulamentou, utilizam a expressão *termo de parceria* para designar o acordo ou ajuste estabelecido entre ambos. O Decreto nº 3.100/99 estabelece que a escolha da entidade parceira pode ser feita mediante concurso entre as entidades interessadas e qualificadas como OSCIPs.

Os contratos e a questão da licitação

Freqüentemente associamos a noção de licitação à idéia de procedimento burocrático, permeável à corrupção, e do qual, em última análise, não vale a pena participar, seja pelo custo de se manter em ordem, para cada licitação, uma quantidade absurda de documentos, seja porque há a suspeita de que "as cartas já estão marcadas".

A despeito desses inconvenientes, a licitação é, ao menos em tese, um fator de moralidade e até de eficiência na administração pública. Mediante a observância do procedimento licitatório, assegura-se a igualdade de oportunidades aos eventuais parceiros da administração e, ao mesmo tempo, exige-se que a administração celebre o contrato com aquele candidato que ofereça a proposta mais vantajosa, desde que atendidos os requisitos técnicos para a contratação.

A Constituição brasileira estabelece que, em regra, o poder público deve observar o procedimento de licitação para a celebração de contratos.[59] Também nos termos da Constituição, compete privativamente à União legislar sobre normas gerais de licitação e contratação.[60] A atual lei geral de licitações é a Lei nº 8.666/93.

A própria lei assinala que a licitação destina-se a garantir a observância do princípio constitucional da igualdade e a selecionar a proposta mais vantajosa para a administração. A fim de assegurar a igualdade entre todos os eventuais candidatos, a lei exige que o órgão público dê publicidade às contratações que pretende realizar, bem como aos critérios que utilizará para selecionar a melhor proposta. Em regra, o critério de escolha é o menor preço, desde que os candidatos apresentem propostas com as especificações exigidas no respectivo edital da licitação.

Para participar da licitação, não basta, porém, apresentar uma proposta de preços. Os candidatos devem comprovar documentalmente a regularidade jurídica e fiscal, apresentando, por exemplo, documentos como certidões

---

[59] É o que dispõe o art. 37 da Constituição Federal, inciso XXI, a saber: "ressalvados os casos especificados na legislação, as obras, serviços, compras e alienações serão contratados mediante processo de licitação pública que assegure igualdade de condições a todos os concorrentes, com cláusulas que estabeleçam obrigações de pagamento, mantidas as condições efetivas da proposta, nos termos da lei, o qual somente permitirá as exigências de qualificação técnica e econômica indispensáveis à garantia do cumprimento das obrigações".

[60] Constituição Federal, art. 22, inciso XXVII.

negativas de impostos nos âmbitos federal, estadual e municipal, certidão negativa de débitos perante a seguridade social, certidão de regularidade perante o FGTS, e outros documentos, que, conforme o caso, exigir o edital da licitação respectiva. Geralmente, exigem-se todos esses documentos em cópias autenticadas, e a não apresentação de quaisquer deles inviabiliza a apreciação da proposta da entidade, ainda que venha a ser a de menor preço.

A exigência de todos esses documentos (ou pelo menos de alguns deles) tem uma razão de ser: a entidade que não cumpra suas obrigações fiscais e trabalhistas certamente pode oferecer preços mais baixos.

Nota-se, porém, que a participação em licitações impõe aos candidatos um sensível ônus burocrático e um custo considerável. Em se tratando de entidades sem fins lucrativos de menor porte — que dificilmente dispõem de pessoas especializadas para manter a documentação e elaborar propostas em consonância com cada edital —, a participação em licitações torna-se inviável. No entanto, a licitação é a regra em se tratando de contratações com o poder público.

A lei geral de licitações admite algumas hipóteses de dispensa de licitação em se tratando de entidades sem fins lucrativos, podendo o poder público escolher a entidade a ser contratada. São as seguintes as hipóteses de dispensa:

- Na contratação de instituição brasileira incumbida regimental ou estatutariamente da pesquisa, do ensino ou do desenvolvimento institucional, ou de instituição dedicada à recuperação social do preso, desde que a contratada detenha inquestionável reputação ético-profissional e não tenha fins lucrativos;[61]
- Na contratação de associações de portadores de deficiência física, sem fins lucrativos e de comprovada idoneidade, por órgãos da administração pública, para a prestação de serviços ou fornecimento de mão-de-obra, desde que o preço contratado seja compatível com o praticado no mercado;[62]

---

[61] Lei nº 8.666/93, art. 24, inciso XIII.

[62] Lei nº 8.666/93, art. 24, inciso XX.

- Para a celebração de contratos de prestação de serviços com as organizações sociais, qualificadas no âmbito das respectivas esferas de governo, para atividades contempladas no contrato de gestão.[63]

Outra situação que abole a licitação são as chamadas hipóteses de inexigibilidade. Trata-se de situações em que o governo escolhe a entidade — e portanto não há licitação — porque ela é a única em condições de prestar determinado serviço, isto é, trata-se de situações em que a competição é inviável. Algumas situações desse gênero se formalizam impropriamente sob a denominação "convênio".

Tecemos a seguir breves comentários sobre cada uma das hipóteses em que as entidades sem fins lucrativos podem celebrar contratos com o poder público sem se submeterem ao procedimento da licitação.

Dispensa de licitação para entidades de pesquisa, ensino ou desenvolvimento institucional e recuperação social do preso

Uma entidade sem fins lucrativos que tenha por missão estatutária a recuperação social do preso parece mais competente na prestação desse serviço do que uma entidade lucrativa com a mesma missão. De fato, a dispensa de licitação na contratação de entidades sem fins lucrativos haveria de estar alicerçada na presunção de que essas entidades, por quaisquer razões, ofereceriam vantagens comparativas em relação a entidades lucrativas na prestação desses mesmos serviços.

No entanto, entre as áreas escolhidas — pesquisa, ensino, desenvolvimento institucional — não parecem estar aquelas que refletem competências mais específicas do terceiro setor. Que entidades têm-se beneficiado na prática com essa hipótese de dispensa de licitação?

A título de ilustração, citamos uma contratação realizada com fundamento nesse dispositivo legal entre o Instituto Nacional de Seguro Social (INSS) e a Fundação Instituto de Administração (FIA), entidade privada ligada a professores da Universidade de São Paulo (USP), sem o devido processo licitatório e por valores bastante elevados. O contrato em comento foi celebrado em 11-7-1997, no valor de R$982.550,00, e teve por objeto a prestação de serviços de consultoria voltados para a revisão da estrutura organiza-

---

[63] Lei nº 8.666/93, art. 24, inciso XXIV (acrescido da Lei nº 9.648, de 27-5-1998).

cional da autarquia, em consonância com as diretrizes da reforma do aparelho do Estado. O contrato veio a ser denunciado perante o Tribunal de Contas da União, entre outros motivos, porque, havendo outras instituições brasileiras em situação semelhante à da FIA/USP, caberia pelo menos demonstrar que de fato a sua proposta era a mais vantajosa.

O Tribunal de Contas da União, em sua decisão, não recomendou a anulação da contratação, mas determinou ao INSS: doravante "limite-se a efetuar contratações com dispensa de licitação fundamentada no art. 24, inc. XIII, da Lei nº 8.666/93 quando, comprovadamente, houver nexo entre esse dispositivo, a natureza da instituição contratada e o objeto contratual, este necessariamente relativo a ensino, a pesquisa ou a desenvolvimento institucional, o que não é o caso de serviços de consultoria organizacional".[64]

Este exemplo serve para ilustrar como as hipóteses de dispensa de licitação podem dar azo a graves distorções. Anna Cynthia Oliveira, comentando esse dispositivo, assinala que a dispensa total de licitação, tal como existe, é *má* para o governo e para as organizações da sociedade civil "por abrir porta ao tráfico de influência, dar oportunidade à corrupção, e má para o contribuinte cumpridor de suas obrigações, penalizado em financiar os desvios que aconteçam".[65]

Dispensa de licitação para associações de portadores de deficiência física

A respeito dessa hipótese de dispensa, reproduzimos as oportunas considerações de Anna Cynthia Oliveira:

> "No caso da contratação de portadores de deficiência física... é positiva a referência taxativa a suas próprias associações — grupamentos constituídos para a soma de esforços em benefício recíproco. Estranha apenas que, delas, se exija 'comprovada idoneidade' (moral?, e por que instrumento?) — em vez da mesma 'inquestionável reputação ético-profissional', perfeitamente cabível à especialização das associações e dos prestadores de serviços. Por outro lado, é de supor que o 'preço compatível com o mercado' se refira ao mercado de serviços em geral, constituído de não-portadores de deficiência. Considerando os custos de treinamento especializado,

---

[64] Decisão nº 30/00 — TCU — Plenário. Data da sessão: 26-1-2000 — Extraordinária de Caráter Reservado (*Boletim de Licitações e Contratos*. NDJ (5):277-83, maio 2000).

[65] Oliveira (1997a).

> poderia haver menos pudor em reconhecer a integração profissional do portador de deficiência como prioridade social, admitindo preços superiores aos do mercado de trabalho comum até um dado limite."[66]

A autora assinala ainda que não seria condenável dar tratamento especial também à empresa que se constituísse para treinamento e colocação de profissionais com deficiência. Essa situação, entretanto, não é contemplada com a dispensa de licitação.

As associações sem fins lucrativos de portadores de deficiência física devem, pois, conhecer essa hipótese de dispensa, que faz do poder público um potencial cliente de seus serviços e torna desnecessária a competição com outros possíveis prestadores.

Dispensa de licitação na celebração de contratos de gestão com organizações sociais

Em sua concepção original, o *contrato de gestão* foi um instrumento de compromisso administrativo *interno* ao Estado, firmado entre o Poder Executivo e órgãos da própria administração pública (autarquias, fundações de direito público, empresas estatais). O contrato de gestão seria o veículo de implantação de uma gestão pública por objetivos, mediante racionalização de controles burocráticos e sistemas eficientes de planejamento, controle e avaliação de desempenho.

Recentemente, pretendeu-se estender a experiência de aplicação dos contratos de gestão às associações de direito privado, sem fins lucrativos, que o Poder Executivo vier a considerar organizações de interesse público não-estatal e a credenciar como *organização social* (OS), tal como disposto na Lei nº 9.637, de maio de 1998.

A concepção das organizações sociais decorreu de uma proposta do Ministério de Administração e Reforma do Estado (Mare). Trata-se de entidades de direito privado, sem fins lucrativos, assim qualificadas pelo poder público. Essa qualificação habilita a entidade a receber recursos orçamentários e a realizar *contratos de gestão* com o poder público.

A Lei nº 9.637/98 estabelece algumas características das organizações sociais, entre as quais cabe destacar:

---

[66] Oliveira (1997a:68).

- presença obrigatória, embora minoritária, de representantes do poder público na direção da entidade;
- em caso de extinção, incorporação do patrimônio da entidade ao Estado ou sua destinação a entidade congênere;
- possibilidade de o poder público ceder servidores de entidade pública extinta a organizações sociais criadas para substituí-las;
- dispensa de licitação para a celebração de contratos de gestão entre o poder público e organizações sociais (permissivo constante da Lei nº 9.648/98).

As organizações sociais são, pois, entidades dependentes de recursos públicos, que contam com membros do poder público em sua estrutura diretiva e que podem contratar com o poder público sem licitação.

As organizações sociais existentes até o presente momento resultaram da extinção de entidades públicas. Estas transferem suas atribuições às novas entidades privadas — organizações sociais —, sendo financiadas por contratos celebrados sem prévia licitação, assim como bens, serviços e até mesmo servidores. Já as demais entidades de origem realmente privada, sem fins lucrativos, submetem-se em regra ao regime de licitação. Não se vislumbra, na hipótese de dispensa em exame, fomento ao terceiro setor, e sim à reforma do aparelho do Estado executada pelo governo, com tratamento privilegiado — permeável ao favoritismo e ao arbítrio — para entidades resultantes da extinção de entidades públicas.

A questão dos convênios e os critérios de escolha

Uma história bem contada, não sem uma nota de humor, por Joaquim Falcão ilustra o que seja um convênio:

> "Como vocês sabem, as ONGs tudo inventam para sobreviver. Para captar recursos, para aumentar receitas. Uma delas, em Pernambuco, se especializou em obter recursos para seus projetos sociais reciclando papel usado e vendendo-o. Pleiteou então que uma empresa estatal lhe doasse as toneladas de papel usado de que regularmente dispunha. Pedido feito, pedido aceito pela Diretoria. Quer dizer, aceito pela Diretoria e encaminhado ao Departamento Jurídico, que estudou, analisou e... vetou! Segundo a legislação, a doação de um bem público — mesmo que seja papel usado — exige licitação e acarreta infindáveis trâmites legal-burocráticos. A doação foi suspensa. A ONG, frustrada, a receita evaporada. Consultou-se um advogado, que perguntou ao

> Jurídico da estatal: '...E para jogar fora, no lixo, tem que ter licitação?' Obviamente, não, responderam. Final feliz. A ONG assinou um convênio se comprometendo a recolher o lixo da estatal..."[67]

O convênio é o instrumento adequado quando as partes têm um objetivo comum, alcançado sem contraprestação financeira, mediante um acordo que pode ser findado a qualquer tempo. É o caso narrado.

Na prática, porém, celebram-se convênios quando deveria ser utilizado o contrato, visando a fugir do procedimento licitatório. A esse propósito, cabe transcrever a observação de Leon Ferjda Sklarowsky:

> "Interessante questão se reporta à necessidade ou não de licitação, para a realização de convênios. Suponha-se... a realização de convênio entre um órgão ou uma entidade estatal e um ente privado. A licitação poderá ser dispensada ou declarada inexigível, com fundamento no art. 24 ou 25. Não obstante, se várias forem as entidades particulares que se prestem para a consecução destas atividades, inquestionavelmente deverá realizar-se a licitação. Esta é também a opinião de Odete Medauar."[68]

Em que pese à opinião de tais juristas, é freqüente a celebração de convênio entre uma entidade sem fins lucrativos e o poder público, sem haver processo seletivo que assegure igualdade de oportunidades a eventuais candidatos à prestação dos serviços.[69] Na prática, não há tal seleção e os critérios são, em muitos casos, "políticos".

De acordo com a doutrina, o contrato e o convênio são figuras jurídicas distintas, cujas diferenças podem ser assim sintetizadas:[70]

- o termo convênio deve ter utilização restrita aos casos em que o interesse dos signatários seja absolutamente concorrente, um objetivo comum, ao contrário do que ocorre no contrato, em que o interesse dos que o firmam é diverso e contraposto;

---

[67] Falcão (1997).

[68] Sklarowsky (1998:169).

[69] Cabe mencionar que há casos em que a licitação é inexigível por haver inviabilidade de competição. É a hipótese do art. 25, *caput*, da Lei nº 8.666/93.

[70] Servimo-nos da distinção traçada por Fernandes, 1997:114. O autor faz notar, com referência a uma particular hipótese em que a administração seja usuária do serviço público, que há norma expressa recomendando a utilização do contrato, conforme dispõe o art. 62, §3º, inc. II, da Lei nº 8.666/93.

- por almejarem o mesmo objetivo, os signatários não são, a rigor terminológico, partes, e não cobram taxa ou remuneração entre si;
- no convênio descabe a aplicação de penalidade por rescisão, bastando não haver mais interesse na sua continuação, para que se promova a sua denúncia;
- e — característica que nos parece mais relevante — "no contrato, o valor pago a título de remuneração passa a integrar o patrimônio da entidade que o recebeu, sendo irrelevante para o repassador a utilização que será feita do mesmo; no convênio, se o conveniado recebe determinado valor, este fica vinculado à utilização prevista no ajuste; assim, se um particular recebe verbas do poder público em decorrência de convênio, esse valor não perde a natureza de dinheiro público, só podendo ser utilizado para os fins previstos no convênio; por essa razão, a entidade está obrigada a prestar contas de sua utilização, não só ao ente repassador, como ao Tribunal de Contas".[71]

Essas distinções implicam questões jurídicas importantes, entre as quais vale assinalar:

- o uso do convênio, quando cabível o contrato, não pode ser considerado mero erro de forma, uma vez que o regramento de ambos é bastante diverso;
- no tocante à escolha da entidade conveniada, a ação dos órgãos de controle é menos intensa no convênio;
- no tocante ao emprego do dinheiro repassado, a ação de controle há que ser mais intensa no convênio.

Não obstante, existe a praxe da utilização de convênio quando deveria haver contrato. Por isso mesmo, faz muito sentido a demanda das entidades por normas que garantam a competição entre as entidades para a celebração de convênios com o poder público e a transparência na escolha das entidades que recebem recursos governamentais.

Os termos de parceria

A resposta à demanda por transparência em relação aos critérios de escolha das entidades "conveniadas" com o poder público veio com a Lei nº 9.790/99 e o Decreto nº 3.100/99, que trouxeram a figura dos termos de parceria. A inovação ainda não tem alcance prático, e mesmo que possa e deva ser aperfeiçoada,

---

[71] Pietro (2000:285).

constitui um enorme avanço, pois evidencia, por contraste, a autêntica aberração jurídica representada pelos convênios tal como vêm sendo praticados.

De acordo com o art. 23 do Decreto nº 3.100, temos que:

> "A escolha da Organização da Sociedade Civil de Interesse Público, para a celebração do Termo de Parceria, poderá ser feita por meio de publicação de edital de concurso de projetos pelo órgão estatal parceiro para obtenção de bens e serviços e para a realização de atividades, eventos, consultorias, cooperação técnica e acessória."

A primeira dificuldade que surge é o fato de esse processo seletivo constar de um decreto e não de lei, e ainda assim em caráter facultativo (a escolha *poderá ser feita mediante concurso*).

Ora, nos termos da Constituição Federal, tal como dispõe o art. 37, inciso XXI, "ressalvados os casos especificados na legislação, as obras, serviços, compras e alienações serão contratados mediante processo de licitação pública que assegure igualdade de condições a todos os concorrentes...".

A Lei nº 9.790/99 não faz qualquer ressalva à licitação — não dispensa o procedimento licitatório para a celebração de termos de parceria com OSCIPs. O Decreto nº 3.100/99 apenas aventou a possibilidade de concurso.

A menção a um processo seletivo é um avanço, mas ainda dá ensejo a discussões jurídicas. A exclusão — desse processo seletivo — de entidades não qualificadas como OSCIP é discutível, em atenção ao princípio da igualdade. Se, por hipótese, uma entidade não qualificada como OSCIP atender aos requisitos do edital de um concurso e oferecer a proposta mais vantajosa, pode questionar judicialmente sua exclusão do processo seletivo pelo mero fato de não ser OSCIP. Para que a questão não se coloque, seria necessário que a hipótese de celebração de parcerias com entidades qualificadas como OSCIP constasse expressamente — em nível de lei ordinária — como hipótese de dispensa de licitação. Ou seja: o que o governo fez com as "organizações sociais" (criando a hipótese de dispensa para a celebração de contratos de gestão) teria que fazer com as OSCIPs (criando hipótese de dispensa para a celebração de termos de parceria). E o que o governo fez com as OSCIPs (em nível de decreto, estabelecendo um processo seletivo na modalidade de concurso entre OSCIPs) deveria fazer em relação às "organizações sociais", que não se submetem a qualquer processo seletivo. Em relação a estas, há margem para favoritismo por ocasião da celebração do contrato.

A celebração do termo de parceria, nos termos legais, deve ser precedida de consulta aos conselhos de políticas públicas. O órgão estatal firmará o termo de parceria mediante modelo padrão próprio, onde deverão constar os direitos, as responsabilidades e as obrigações das partes e as cláusulas essenciais descritas no art. 10, §2º, da Lei nº 9.790/99, a saber:

> "I — a do objeto, que conterá a especificação do programa de trabalho proposto pela Organização da Sociedade Civil de Interesse Público;
>
> II — a de estipulação das metas e dos resultados a serem atingidos e os respectivos prazos de execução ou cronograma;
>
> III — a de previsão expressa dos critérios objetivos de avaliação de desempenho a serem utilizados, mediante indicadores de resultado;
>
> IV — a de previsão de receitas e despesas a serem realizadas em seu cumprimento, estipulando item por item as categorias contábeis usadas pela organização e o detalhamento das remunerações e benefícios de pessoal a serem pagos, com recursos oriundos ou vinculados ao Termo de Parceria, a seus diretores, empregados e consultores;
>
> V — a que estabelece as obrigações da Sociedade Civil de Interesse Público, entre as quais a de apresentar ao Poder Público, ao término de cada exercício, relatório sobre a execução do objeto do Termo de Parceria, contendo comparativo específico das metas propostas com os resultados alcançados, acompanhado de prestação de contas dos gastos e receitas efetivamente realizados, independente das previsões mencionadas no inciso IV;
>
> VI — a de publicação, na imprensa oficial do Município, do Estado ou da União, conforme o alcance das atividades celebradas entre o órgão parceiro e a Organização da Sociedade Civil de Interesse Público, de extrato de Termo de Parceria e de demonstrativo da sua execução física e financeira, conforme modelo simplificado estabelecido no regulamento desta Lei, contendo os dados principais da documentação obrigatória do inciso V, sob pena de não liberação dos recursos previstos nos Termos de Parceria."

A OSCIP deve indicar pelo menos um dirigente, que será responsável pela boa administração dos recursos recebidos e cujo nome deve constar no extrato do termo de parceria. Todas essas exigências ressaltam o caráter de transparência não só na escolha como também no acompanhamento da execução do termo. A título ilustrativo, apresentamos modelos de extrato de termos de parceria anexos ao Decreto nº 3.100/99.

Modelo
EXTRATO DE TERMO DE PARCERIA

(Nome do órgão público)

....

Extrato de termo de parceria

Custo do projeto: ....

Local de realização do projeto: ....

Data de assinatura do TIP: ...-....-.... Início do projeto: ...-...-... Término:...-....-....

Objeto do termo de parceria (descrição sucinta do projeto):................................

....

....

....

Nome da OSCIP: ....

Endereço: ....

Cidade: .... UF: .... CEP: ....

Tel: .... Fax: .... E-mail: ....

Nome do responsável pelo projeto: ....

Cargo/função: ....

Modelo
EXTRATO DE EXECUÇÃO FÍSICA E FINANCEIRA DO TERMO DE PARCERIA

(Nome do órgão público)

....

Extrato de termo de parceria

Custo do projeto: ....

Local de realização do projeto: ....

Data de assinatura do TIP: ...-....-.... Início do projeto: ...-...-... Término:...-....-....

Objetivos do projeto:...

....

Resultados alcançados: ....

....

Custos de implementação do projeto:

Categorias de despesa	Previsto	Realizado	Diferença
....	....	....	....
....	....	....	....
TOTAIS			

Nome da OSCIP: ....

Endereço: ....

Cidade: .... UF: .... CEP: ....

Tel: .... Fax: .... E-mail: ....

Nome do responsável pelo projeto: ....

Cargo/função: ....

CAPÍTULO 8

Notas sobre auxílios e subvenções

Introdução

Os auxílios e as subvenções constituem espécies de transferência de recursos públicos de que as entidades sem fins lucrativos podem usufruir.

As subvenções destinam-se a cobrir despesas de custeio e os auxílios, à ampliação, reforma, aquisição de equipamentos e sua instalação, bem como à aquisição de material permanente.

A Instrução Normativa da Secretaria do Tesouro Nacional nº 1, de 15-1-1997, assim definiu esses institutos:

- *Subvenção social*: transferência de recursos que independe de lei específica a instituições públicas ou privadas de caráter assistencial ou cultural, sem finalidade lucrativa, com o objetivo de cobrir despesas de custeio.[72]
- *Auxílio*: transferência de capital derivada de lei orçamentária que se destina a atender ônus ou encargo assumido pela União e somente será concedida a entidade sem fins lucrativos.

Subvenções sociais

As subvenções sociais são uma espécie de transferência de recursos constante da Lei nº 4.320/64, que dispõe sobre normas gerais de direito financeiro.

Segundo esta lei, consideram-se subvenções sociais as transferências destinadas a cobrir despesas de custeio das entidades beneficiadas, que hão de ser instituições públicas ou privadas de caráter assistencial ou cultural sem finalidade lucrativa.[73]

---

[72] Instrução Normativa STN nº 1/97, art. 1º.

[73] Lei nº 4.320, art. 12, §3º, inciso I.

A concessão de subvenções visa à prestação de serviços essenciais de assistência social, médica e educacional, em caráter suplementar aos recursos de origem privada.

Ainda de acordo com a lei, o valor das subvenções, sempre que possível, será calculado com base em unidades de serviços efetivamente prestados ou postos à disposição dos interessados, obedecidos os padrões mínimos de eficiência previamente fixados.

Assim, a creche, o hospital ou a escola privada, para estarem aptos a receber subvenção social, devem informar previamente o número de vagas e o tipo de atendimento, o número de consultas/dia e de leitos, o número de vagas para cada série, que estão disponíveis.

Por outro lado, os órgãos ou entidades públicas responsáveis pela concessão de subvenções sociais, ao receberem o pedido das instituições que prestam serviços essenciais de assistência social, médica e educacional, devem atender a dois requisitos básicos:

- efetuar a fiscalização para verificar se as condições de funcionamento são satisfatórias;
- atestar que os custos das unidades de serviços prestados são mais econômicos e atendem aos padrões mínimos de eficiência previamente fixados.

A doutrina registra que esses procedimentos visam a "preservar o erário público quanto à má utilização dos recursos e à qualidade dos serviços que serão oferecidos à população por meio da subvenção. Deve-se evitar, ainda, o intervencionismo, o tutelamento e a intermediação de parlamentares nos processos de liberação de subvenções sociais, pois esta prática, aparentemente legítima, aumenta o clientelismo e deturpa a finalidade das finanças públicas em função da falsa idéia de patrocínio que transmite aos beneficiários".[74]

A Lei de Diretrizes Orçamentárias, de nº 9.811, de 28-7-1999, prevê a destinação de recursos sob a forma de subvenções a entidades sem fins lucrativos. Para tanto, é necessário que essas entidades preencham alguma das seguintes condições:[75]

---

[74] Cruz (1999:58).

[75] Lei nº 9.811, de 28-7-1999, art. 30.

- atendam diretamente ao público, de forma gratuita, nas áreas de assistência social, saúde ou educação, e estejam registradas no Conselho Nacional de Assistência Social (CNAS);
- estejam vinculadas a organismos internacionais de natureza filantrópica, institucional ou assistencial;
- atendam ao disposto no art. 204 da Constituição Federal — descentralização da assistência social, entidades beneficentes de assistência social —, no art. 61 do Ato das Disposições Constitucionais Transitórias — que remete às entidades educacionais sem fins lucrativos, escolas comunitárias, confessionais ou filantrópicas, definidas em lei —, bem como na Lei nº 8.742, de 7 de dezembro de 1993; ou
- sejam vinculadas a missão diplomática ou repartição consular brasileira no exterior e tenham por objetivo a divulgação da cultura brasileira e do idioma português falado no Brasil.

Para se habilitar a receber subvenções sociais, a entidade privada sem fins lucrativos deve apresentar declaração de funcionamento regular nos últimos cinco anos, emitida no exercício de 2000 por três autoridades locais, e comprovante de regularidade do mandato de sua diretoria.

As entidades privadas beneficiadas com recursos públicos (a qualquer título) submeter-se-ão à fiscalização do poder concedente, com a finalidade de verificar o cumprimento de metas e objetivos para os quais receberam os recursos.

Criticando a previsão de concessão de subvenções sociais, anota Anna Cynthia Oliveira:[76]

> "Subvenções sociais não são um meio usual para a transferência de fundos públicos em países de ordenamento jurídico mais elaborado. É impossível conceber critério justo para a distribuição de recursos do contribuinte, pelo Estado, destinados 'a cobrir despesas de custeio' de algumas entidades sem fins lucrativos, sem que lhes corresponda 'contraprestação direta em bens ou serviços'. Transferências existem por meio de contratos ou convênios (*grants*, que não devem confundir-se com doações) — mediante contraprestação de serviços de interesse do Estado."

Segundo a autora, as subvenções permitidas pelo ordenamento pátrio merecem o repúdio das organizações da sociedade civil de fim público, pois servem de escudo para a prática de esquemas que somente vêm a público por

---

[76] Oliveira (1997a:60).

ocasião de rara Comissão Parlamentar de Inquérito, constituindo prática *anacrônica e perigosa.*

Auxílios

A Lei nº 4.320/64 dispõe que auxílios são dotações derivadas diretamente da Lei do Orçamento que constituem transferência de capital para investimento, independentemente de contraprestação direta em bens ou serviços.[77]

Para usufruir o auxílio, as entidades sem fins lucrativos devem ser:

- de atendimento direto e gratuito ao público e voltadas para o ensino especial, ou representativas da comunidade escolar das escolas públicas estaduais e municipais do ensino fundamental, ou ainda unidades mantidas pela Campanha Nacional de Escolas da Comunidade (CNEC);
- cadastradas junto ao Ministério do Meio Ambiente, para recebimento de recursos oriundos de programas ambientais, doados por organismos internacionais ou agências governamentais estrangeiras;
- voltadas para as ações de saúde e de atendimento direto e gratuito ao público, prestadas pelas Santas Casas de Misericórdia e demais entidades filantrópicas.

Além disso, a inclusão de dotações na lei orçamentária de auxílios e sua execução dependem de:

- publicação, pelo Poder Executivo, das normas a serem observadas na concessão de auxílios, prevendo-se cláusula de reversão no caso de desvio de finalidade;
- destinação dos recursos exclusivamente para ampliação, reforma, aquisição de equipamentos e sua instalação e de material permanente;
- gratuidade na prestação de pelo menos 60% dos serviços pela entidade;

identificação do beneficiário e do valor transferido.

Cabe observar que a Lei de Diretrizes Orçamentárias para o ano de 2001 (Lei nº 9.995, de 25-7-2000) prevê, em seu art. 31, novas hipóteses para a concessão de auxílios, inclusive a organizações qualificadas como OSCIPs.

---

[77] Lei nº 4.320, art. 12, §6º.

CAPÍTULO 9

Títulos e certificados concedidos pelo poder público às entidades

Utilidade pública federal (UPF)

Fundamento legal	Lei nº 91/35, regulamentada pelo Decreto nº 50.517/61; Lei nº 6.639/79, regulamentada pelo Decreto nº 60.931/67
Requisitos	1. Ter personalidade jurídica; 2. Ser constituída no país (cláusula estatutária); 3. Estar em efetivo e contínuo funcionamento nos três últimos anos imediatamente anteriores, com exata observância das finalidades estatutárias; 4. Não remunerar, por qualquer forma, os cargos da diretoria (cláusula estatutária); 5. Não distribuir lucros, bonificações ou vantagens a dirigentes, mantenedores ou associados, sob nenhuma forma ou pretexto (cláusula estatutária); 6 Promover a educação ou exercer atividades de pesquisa científica, de cultura artística ou filantrópica; 7 Seus diretores serem de comprovada idoneidade.
Órgão a que se dirigir	Ministério da Justiça — Divisão de Outorgas e Títulos
Documentos necessários para instruir o pedido	1. Requerimento dirigido ao exmo. sr. ministro da Justiça (modelo anexo); 2. Cópia autenticada do estatuto social registrado no Cartório de Registro de Pessoas Jurídicas, acompanhado de eventuais alterações;

continua

Documentos necessários para instruir o pedido	3. Certidão em via original, expedida pelo Cartório de Registro de Pessoas Jurídicas, atestando o registro do estatuto social e alterações, no livro de registro de pessoas jurídicas; 4. Ata de eleição dos membros da diretoria atual, devidamente registrada em cartório; 5. Cópia autenticada do cartão de inscrição no CNPJ (antigo CGC) vigente; 6. Relatório circunstanciado (qualitativo e quantitativo), discriminando os serviços prestados anualmente, dos três exercícios anteriores à formulação do pedido, separadamente, ano a ano; 7. Cópia do quadro demonstrativo detalhado das receitas e despesas dos três últimos exercícios, separadamente, ano a ano, assinados por profissional habilitado com carimbo e número de inscrição no Conselho Regional de Contabilidade; 8. Declaração original da requerente, firmada em papel timbrado pelo representante legal, de que se obriga a publicar, anualmente, a demonstração da receita e da despesa realizadas no período anterior, quando subvencionada pela União; 9. Atestado original de autoridade local (prefeito, juiz de direito, promotor de justiça, delegado de polícia) informando que a entidade esteve e está em efetivo e contínuo funcionamento nos três anos imediatamente anteriores, com exata observância dos objetivos estatutários; 10. Qualificação completa dos membros da diretoria atual e atestado de idoneidade moral, expedido por autoridade local (se de próprio punho, deverá ser sob as penas da lei), em via original.
Benefícios	1. Instrui o pedido de certificado de entidade de fins filantrópicos (CEFF); 2. É documento essencial para, junto com outros, requerer ao INSS a isenção da quota patronal; 3. Dá o direito de fornecer às pessoas jurídicas, doadoras de benefícios, recibo dedutível do imposto de renda (IR), acompanhado de declaração própria; 4. Possibilita receber doações da União; 5. Possibilita receber receitas das loterias federais; 6. Possibilita realizar sorteios.
Obs.	Quando deferido o pedido, o decreto respectivo é publicado no *Diário Oficial da União* (*DOU*).

Utilidade pública estadual (UPE)*

Fundamento legal	Lei nº 3.198/55; Lei nº 2.574/80.
Requisitos	1. Ter personalidade jurídica; 2. Estar em efetivo e contínuo funcionamento nos três anos imediatamente anteriores, dentro de suas finalidades; 3. Haver gratuidade dos cargos de sua diretoria e não ocorrer distribuição, por qualquer forma, direta ou indiretamente, de lucros, bonificações ou vantagens a dirigentes, mantenedores ou associados; 4. Ter registro nos órgãos competentes do Estado conforme sua natureza e desde que haja exigência de tal formalidade; 5. Exercer atividades de ensino ou de pesquisa científica, de cultura, inclusive artística, filantrópica ou assistencial de caráter beneficente, caritativo ou religioso, não circunscritas ao âmbito de determinada sociedade civil ou comercial, comprovadas mediante apresentação de relatório circunstanciado, referente aos três anos imediatamente anteriores à formulação da proposição; 6. Serem os diretores de reconhecida idoneidade.
Órgão a que se dirigir	Secretaria da Justiça e da Defesa da Cidadania — Seção de Utilidade Pública
Documentos necessários para instruir o pedido	1. Requerimento dirigido ao sr. secretário da Justiça e da Defesa da Cidadania, em papel com timbre ou carimbo da entidade (modelo anexo); 2. Certidão de inscrição do ato constitutivo da entidade, registrado no Cartório de Registro Civil de Pessoas Jurídicas (cópia autenticada); 3. Atestado de efetivo e contínuo funcionamento, há mais de três anos, com exata observância dos objetivos estabelecidos, subscrito por juiz de direito ou promotor público da comarca da sede da entidade; 4. Exemplar do estatuto, registrado em cartório, dele constando expressamente que o exercício da diretoria é gratuito, e que a entidade não distribui, a qualquer título, lucros ou bonificações a mantenedores ou associados;

continua

Documentos necessários para instruir o pedido	5. Em se tratando de entidade de caráter filantrópico, deve apresentar atestado de inscrição na Secretaria da Assistência e Desenvolvimento Social (SADS). Caso desenvolva atividades educacionais, atestado de registro no órgão competente da Secretaria da Educação. Caso desenvolva atividades de assistência hospitalar, alvará de funcionamento expedido pela coordenadoria de assistência hospitalar da Secretaria de Estado da Saúde; 6 Ata de eleição dos membros da diretoria atual, devidamente registrada em cartório; 7. Atestado de idoneidade moral de todos os membros da administração (diretoria e conselhos) assinado por juiz de direito, promotor público ou procurador do Estado que conheça a entidade requerente; 8. Relatório circunstanciado (qualitativo e quantitativo), das atividades desenvolvidas nos três anos imediatamente anteriores à formulação do pedido, demonstrando efetivo funcionamento dentro de suas finalidades; 9. Publicação — via original do jornal — do balanço, demonstrativo de receitas e despesas, referente ao exercício imediatamente anterior ao pedido; 10. Xerox autenticada do CNPJ (antigo CGC).
Benefícios	1. Reconhecimento da idoneidade no âmbito estadual; 2. Em conjunto com a utilidade pública federal e demais documentos, permite o requerimento de isenção da quota patronal do INSS.
Obs.	Quando deferido o pedido, o decreto respectivo é publicado no *Diário Oficial do Estado* (*DOE*).

* Referente ao estado de São Paulo.

Utilidade pública municipal (UPM)*

Fundamento legal	Lei nº 4.819/55; Lei nº 11. 295/92; Decreto nº 16.619/80; Lei nº 12.520/97
Requisitos	1. Ter personalidade jurídica há mais de um ano; 2. Servir à coletividade em determinado setor, continuamente; 3. Não remunerar a diretoria (disposição estatutária); 4. Serem os diretores de reconhecida idoneidade.
Órgão a que se dirigir	Governo municipal — Gabinete do prefeito
Documentos necessários para instruir o pedido	1. Requerimento dirigido ao governo municipal em papel com timbre ou carimbo da entidade (modelo anexo); 2. Cópia autenticada do estatuto social registrado em cartório, dele constando expressamente que o exercício da diretoria é gratuito, além de eventuais alterações estatutárias; 3. Ata de eleição dos membros da diretoria atual, devidamente registrado em cartório; 4. Atestado de idoneidade moral de todos os membros da administração (diretoria e conselhos) assinado por juiz de direito ou promotor público que conheça a entidade requerente; 5. Relatório de atividades (qualitativo e quantitativo), do exercício imediatamente anterior à formulação do pedido; 6. Balanço financeiro do exercício imediatamente anterior ao pedido.
Benefícios	1. Reconhecimento como idônea no âmbito municipal; 2. Em conjunto com a utilidade pública federal e demais documentos, permite o requerimento de isenção da quota patronal — INSS; 3. Facilita a obtenção de benefícios/subvenções junto aos órgãos públicos municipais.
Obs.	Quando deferido o pedido, o decreto respectivo é publicado no *Diário Oficial Municipal* (*DOM*).

*Referente ao município de São Paulo.

Registro no Conselho Nacional de Assistência Social (CNAS) e certificado de entidade de fins filantrópicos (CEFF)[78]

Fundamento legal	Decreto nº 2.536 de 6-4-1998; Decreto nº 3.504 de 13-6-2000; Resoluções CNAS: nº 31, de 24-2-1999; nº 32, de 24-2-1999; nº 177, de 10-8-2000; nº 178, de 10-8-2000; nº 2, de 4-1-2001
Requisitos para registro	1. Promover a proteção à família, à infância, à maternidade, à adolescência e à velhice; 2. Proporcionar amparo às crianças e adolescentes carentes; 3. Promover ações de prevenção, habilitação, reabilitação e integração à vida comunitária de pessoas portadoras de deficiência; Promover integração ao mercado de trabalho; 4. Proporcionar assistência educacional ou de saúde; 5. Promover o desenvolvimento da cultura; 6. Promover atendimento e assessoramento aos beneficiários da 7. Lei Orgânica da Assistência Social (Loas) e a defesa e garantia de seus direitos;
Requisitos para registro	8. Dispor em seu estatuto social: ❑ que aplica sua rendas, recursos e eventual resultado no território nacional e na manutenção e desenvolvimento de seus objetivos; ❑ que não distribui resultados, dividendos, bonificações, participações ou parcela do seu patrimônio; ❑ que não remunera diretores, conselheiros, sócios, instituidores, ou benfeitores, sob qualquer forma, em razão das funções ou atividades que lhes sejam atribuídas pelos atos constitutivos; ❑ que em caso de dissolução, destinará seu patrimônio a entidade congênere, registrada no CNAS, ou a entidade pública; ❑ que a entidade presta serviços permanentes e sem discriminação.

continua

[78] O certificado de entidade de fins filantrópicos (CEFF) passou a ser chamado de *certificado de entidade beneficente de assistência social* (Cebas), de acordo com a alteração do inciso II do art. 55 da Lei nº 8.212/91 e do §3º do art. 9º da Lei nº 8.742/93, introduzidas, respectivamente, pelos artigos 3º e 5º da MP nº 2.129-6, de 23-2-2001.

Órgão a que se dirigir	CNAS
Documentos necessários para instruir o pedido de registro	1. Requerimento/formulário fornecido pelo CNAS, devidamente preenchido, datado e assinado pelo representante legal, que deverá rubricar todas as folhas; 2. Cópia autenticada do estatuto social, devidamente registrado no cartório competente, com identificação do mesmo cartório em todas as folhas e transcrição dos dados do registro no próprio documento ou em certidão; 3. Comprovante de inscrição no Conselho Municipal de Assistência Social do Município de sua sede, se houver, ou no Conselho Estadual de Assistência Social, ou Conselho Estadual do Distrito Federal; 4. Declaração de que a entidade está em pleno e regular funcionamento, cumprindo suas finalidades estatutárias e da qual conste a relação nominal, dados de identificação e endereço dos membros da diretoria da entidade, conforme modelo fornecido pelo CNAS, assinado pelo dirigente da entidade; 5. Relatório de atividades, assinado pelo representante legal da entidade, em que se descrevam, quantifiquem e qualifiquem as ações desenvolvidas; 6. Cópia da ata de eleição dos membros da atual diretoria, devidamente averbada no cartório competente; 7. Cópia do CNPJ (antigo CGC) atualizado. Em se tratando de *fundação*, a requerente, além dos documentos acima, deve apresentar: ❑ cópia autenticada da escritura da instituição, devidamente registrada no cartório competente; ❑ comprovante de aprovação do estatuto e de suas respectivas alterações, se houver, pelo Ministério Público.
Benefícios	Instruir o pedido de certificado de entidade de fins filantrópicos.
Obs.	As entidades com menos de um ano de existência legal podem obter o registro, desde que cumpram os requisitos e forneçam a documentação supracitada. As entidades exclusivamente de assistência social, podem solicitar num mesmo processo o registro e o certificado de entidade de fins filantrópicos.[79]

continua

[79] §3º do art. 3º da Resolução CNAS nº 177, de 10-8-2000.

Requisitos para o certificado de entidade de fins filantrópicos	1. Que a entidade beneficente de assistência social, isto é, a pessoa jurídica de direito privado, sem fins lucrativos, atue no sentido de: ❑ proteger a família, a maternidade, a infância, a adolescência e a velhice; ❑ amparar crianças e adolescentes carentes; ❑ promover ações de prevenção, habilitação e reabilitação de pessoas portadoras de deficiências; ❑ promover, gratuitamente, assistência educacional ou de saúde; ❑ promover a integração ao mercado de trabalho; ❑ promover atendimento e assessoramento aos beneficiários da Lei Orgânica da Assistência Social (Loas) e defesa e garantia dos seus direitos; ❑ demonstrar, nos três últimos anos imediatamente anteriores ao requerimento, cumulativamente:[80] a) estar legalmente constituída no país e em efetivo funcionamento; b) possuir declaração de utilidade pública federal;[81] c) estar previamente inscrita no Conselho Municipal de Assistência Social do município de sua sede, se houver, ou no Conselho Estadual de Assistência Social ou Conselho de Assistência Social do Distrito Federal; d) estar previamente registrada no CNAS;

continua

[80] O §5º do art. 3º do Decreto nº 3.504 de 13 de junho de 2000 *não mais exige o prazo de três anos* às entidades que prestarem exclusivamente *assistência social* a pessoas carentes e que tenham por objetivos a proteção da família, da maternidade, da infância, da adolescência, da velhice, o amparo a crianças e adolescentes, a habilitação e reabilitação de pessoas portadoras de deficiência ou a promoção de sua integração à vida comunitária, em relação à previa inscrição no Conselho Municipal de Assistência Social do município da sede da entidade, ou no Conselho Estadual de Assistência Social, ou Conselho Estadual do Distrito Federal e ao registro prévio no CNAS.

[81] Exigência acrescentada pelo inciso XI do art. 3º do Decreto nº 3.504/2000 e inciso IV do art. 3º da Resolução CNAS nº 177/2000.

<table>
<tr>
<td>Documentos necessários para instruir o pedido de CEFF</td>
<td>
e) aplicar anualmente, em gratuidade,[82] pelo menos 20% da receita bruta proveniente da venda de serviços acrescida da receita decorrente de aplicações financeiras, de locação de bens, de venda de bens não integrantes do ativo imobilizado e de doações particulares, cujo montante nunca será inferior à isenção de contribuições sociais usufruídas. Se a entidade atua na área de saúde, deverá comprovar anualmente percentual de atendimentos decorrentes de convênio firmado com o Sistema Único de Saúde (SUS), igual ou superior a 60% do total de sua capacidade instalada.

❑ constar do estatuto dispositivos determinando que:
a) a entidade aplica suas rendas, recursos e eventual resultado no território nacional e na manutenção de seus objetivos;
b) seus diretores, conselheiros, sócios, instituidores, benfeitores ou equivalentes não percebem remuneração, vantagens ou benefícios, direta ou indiretamente, por qualquer forma ou título, em razão das competências, funções ou atividades que lhes sejam atribuídas pelos respectivos atos constitutivos;
c) em caso de dissolução, destinará o patrimônio a entidade congênere registrada no CNAS.

2. Requerimento/formulário fornecido pelo CNAS, devidamente preenchido, datado e assinado pelo representante legal, que deverá rubricar todas as folhas;
3. Cópia dos atos constitutivos devidamente registrados no cartório competente;
4. Ata de eleição da diretoria atual, registrada em cartório;
5. Declaração de que a entidade está em pleno e regular funcionamento, conforme modelo fornecido pelo CNAS;[83]
</td>
</tr>
</table>

continua

[82] O §6º do art. 3º do Decreto nº 3.504 de 13 de junho de 2000 não considera os valores relativos a bolsas custeadas pelo Fundo de Financiamento ao Estudante do Ensino Superior (Fies) ou resultantes de acordo ou convenção coletiva de trabalho, para os fins do cálculo de gratuidade.

[83] Resolução nº 1 de 4-1-2001.

	6. Relatório de atividades dos três exercícios anteriores ao da solicitação, assinados pelo representante legal da entidade, conforme modelo fornecido pelo CNAS; 7. Balanços patrimoniais dos três exercícios anteriores ao da solicitação, assinados pelo representante legal da entidade e por técnico registrado no Conselho Regional de Contabilidade; 8. Demonstrativo do resultado dos três exercícios anteriores ao da solicitação, assinados pelo representante legal da entidade e por técnico registrado no Conselho Regional de Contabilidade; 9. Demonstração de mutação do patrimônio dos três exercícios anteriores ao da solicitação, assinados pelo representante legal da entidade e por técnico registrado no Conselho Regional de Contabilidade; 10. Notas explicativas, evidenciando o resumo das principais práticas contábeis e os critérios de apuração do total das receitas, das despesas, da gratuidade, do tipo de clientela beneficiada com atendimento gratuito, bolsas de estudos, das doações, das subvenções e das aplicações de recursos, bem como da mensuração dos gastos e despesas relacionadas com a atividade assistencial; 11. Comprovante de inscrição no Conselho Municipal de Assistência Social do Município de sua sede, se houver, ou no Conselho Estadual de Assistência Social, ou Conselho de Assistência Social do Distrito Federal; 12. Cópia autenticada do CNPJ (antigo CGC); 13. Cópia da declaração de utilidade pública federal e respectiva certidão atualizada, fornecida pelo Ministério da Justiça.
Benefícios	Juntamente com os títulos de utilidade pública federal e estadual ou municipal e demais documentos, permite o requerimento de isenção da quota patronal.

continua

Obs.	❑ Não serão aceitos documentos enviados por fax e as cópias xerox devem ser autenticadas; ❑ Com relação à apreciação das demonstrações contábeis e financeiras, estão desobrigadas da auditagem as entidades que tenham auferido em cada um dos três últimos exercícios receita bruta igual ou inferior a R$1.200.000,00 — artigo 5º, §1º do Decreto nº 3.504 de 13-6-2000; ❑ Será exigida auditoria por auditores independentes registrados na Comissão de Valores Mobiliários (CVM) quando a receita bruta auferida em qualquer dos três últimos exercícios for superior a R$2.400.000,00 — artigo 5º, §2º do Decreto nº 3.504 de 13-6-2000; ❑ As instituições que possuam o certificado de entidade de fins filantrópicos deverão afixar placa indicativa, em local visível, conforme modelo aprovado pelo CNAS, em que constem os seguintes dizeres: "Esta entidade tem certificado de fins filantrópicos concedido pelo Conselho Nacional de Assistência Social, para prestar atendimento a pessoas carentes", conforme dispõe o art. 8º do Decreto nº 3.504 de 13-6-2000 e a Resolução CNAS nº 178 de 10-8-2000. ❑ Em se tratando de *fundação*, observar as alíneas a e b do §1º do art. 4º da Resolução nº 177 de 10-8-2000.

Organização da Sociedade Civil de Interesse Público (OSCIP)

Fundamento legal	Lei nº 9.790, de 23-3-1999, regulamentada pelo Decreto nº 3.100, de 30-6-1999.
Requisitos	1. Que atenda a uma das seguintes finalidades: ❑ promoção da assistência social; ❑ promoção da cultura, defesa e conservação do patrimônio histórico e artístico; ❑ promoção gratuita da educação, observando-se a forma complementar de participação de que trata esta lei; ❑ promoção gratuita da saúde, observando-se a forma complementar de participação das organizações de que trata esta lei; ❑ promoção da segurança alimentar e nutricional; ❑ defesa, preservação e conservação do meio ambiente e promoção do desenvolvimento sustentável; ❑ promoção do voluntariado; ❑ promoção do desenvolvimento econômico e social e combate à pobreza; ❑ experimentação, não-lucrativa, de novos modelos socioprodutivos e de sistemas alternativos de produção, comércio, emprego e crédito; ❑ promoção de direitos estabelecidos, construção de novos direitos e assessoria jurídica gratuita de interesse suplementar; ❑ promoção da ética, da paz, da cidadania, dos direitos humanos, da democracia e de outros valores universais; ❑ promoção de estudos e pesquisas e desenvolvimento de tecnologias alternativas, produção e divulgação de informações e conhecimentos técnicos e científicos que digam respeito às atividades mencionadas neste artigo.

continua

<table>
<tr><td>Requisitos</td><td>2. Que o estatuto disponha sobre:
❑ a observância dos princípios da legalidade, impessoalidade, moralidade, publicidade, economicidade e eficiência;
❑ a adoção de práticas de gestão administrativa, necessárias e suficientes para coibir a obtenção, de forma individual ou coletiva, de benefícios ou vantagens pessoais, em decorrência da participação no respectivo processo decisório;
❑ a constituição de conselho fiscal ou órgão equivalente, dotado de competência para opinar sobre os relatórios de desempenho financeiro e contábil, e sobre as operações patrimoniais realizadas, emitindo pareceres para os organismos superiores da entidade;
❑ a previsão de que, em caso de dissolução de entidade, o respectivo patrimônio líquido será transferido a outra pessoa jurídica qualificada nos termos desta lei, preferencialmente que tenha o mesmo objeto social da extinta;
❑ a previsão de que, na hipótese de a pessoa jurídica perder a qualificação instituída por esta lei, o respectivo acervo patrimonial disponível, adquirido com recursos públicos durante o período em que perdurou aquela qualificação, seja transferido a outra pessoa jurídica qualificada nos termos desta lei, preferencialmente com o mesmo objeto social;
❑ a possibilidade de se instituir remuneração para os dirigentes da entidade, que atuem efetivamente na gestão executiva e para aqueles que a ela prestam serviços específicos, respeitados, em ambos os casos, os valores praticados pelo mercado, na região correspondente à sua área de atuação;
❑ as normas de prestação de contas a serem observadas pela entidade, que determinarão no mínimo:
a) a observância dos princípios fundamentais de contabilidade e das normas brasileiras de contabilidade;</td></tr>
</table>

continua

Requisitos	b) que se dê publicidade, por qualquer meio eficaz, no encerramento do exercício fiscal, ao relatório de atividades e demonstrações financeiras da entidade, incluindo-se as certidões negativas de débitos junto ao INSS e ao FGTS, colocando-as à disposição para exame de qualquer cidadão; c) a realização de auditoria, inclusive por auditores externos independentes, se for o caso, da aplicação dos eventuais recursos objetos do termo de parceria, conforme previsto em regulamento; d) a prestação de contas de todos os recursos e bens de origem pública recebidos pelas organizações da sociedade civil de interesse público será feita conforme determina o parágrafo único do art. 70 da Constituição Federal.
Órgão a que se dirigir	**Ministério da Justiça — setor de OSCIP**
Documentos necessários para instruir o pedido	1. Requerimento dirigido ao ministro de estado de Justiça (modelo anexo); 2. Estatuto registrado em cartório; 3. Ata de eleição de sua atual diretoria; 4. Balanço patrimonial e demonstração do resultado do exercício; Declaração de isenção do imposto de renda; Inscrição no Cadastro Nacional da Pessoa Jurídica (CNPJ).
Benefícios	1. Possibilidade de celebração do termo de parceria[84] com o poder público (instrumento mais transparente e ágil que o convênio e que obedece a princípios da administração pública, favorecendo a gestão eficaz do recurso disponível);

continua

[84] O termo de parceria está definido no art. 9º da Lei nº 9.790/99 como o instrumento passível de ser firmado entre o poder público e as entidades qualificadas como organizações da sociedade civil de interesse público destinado à formação de vínculo de cooperação entre as partes, para o fomento e a execução das atividades de interesse público previstas no art. 3º da referida lei.

Trata-se de instrumento mais transparente e ágil que o convênio, e que obedece a princípios da administração pública, favorecendo assim a gestão eficaz do recurso disponível.

Benefícios	2. Possibilidade de receber doações, dedutíveis do imposto de renda de pessoa jurídica;[85] 3. Possibilidade de remuneração dos dirigentes.[86]
Obs.	O Ministério da Justiça terá 30 dias para deferir ou não o pedido de qualificação, ato que será publicado no *Diário Oficial da União* no prazo máximo de 15 dias a contar da decisão. Se o pedido for deferido, será emitido o certificado de qualificação como organização da sociedade civil de interesse público.

[85] Ver seção do capítulo 5 sobre doações a entidades civis que prestam serviços gratuitos.

[86] A lei introduziu pela primeira vez a possibilidade de remuneração de dirigentes das entidades. A questão é controversa, sobretudo porque em outros órgãos, expedidores de títulos proporcionadores de vantagens e benefícios fiscais, veda tal remuneração. Ademais, há previsão de que os salários sejam compatíveis com os valores de mercado, o que também pode ensejar dúvidas sobre uma distribuição disfarçada de lucros. Verifica-se, pois, que as entidades devem tratar a questão da remuneração dos dirigentes com a devida cautela e analisar as reais vantagens e desvantagens dessa inovação.

Modelo 1

REQUERIMENTO DE DECLARAÇÃO DE UTILIDADE PÚBLICA FEDERAL — UPF

Excelentíssimo Senhor Ministro de Estado da Justiça
Brasília — DF

A .... (nome por extenso da entidade), inscrita no CNPJ sob o nº.........., com sede social na ....(rua, nº, bairro, CEP, cidade, estado), representada pelo seu (diretor presidente/representante legal) .... (nome completo, nacionalidade, estado civil, profissão, RG nº, CPF nº, endereço domiciliar completo) vem, respeitosamente, requerer a **Declaração de Utilidade Pública Federal**.

Para tanto, anexa a este os documentos necessários, de conformidade com a Lei nº 91, de 28 de agosto de 1935, e Decretos nº 50.517, de 2 de maio de 1961, e nº 60.931, de 4 de julho de 1967.

Nestes termos

P. deferimento

Local e data

....

(Assinatura do presidente da entidade)

(Carimbo da entidade)

Modelo 2

Requerimento de Declaração de Utilidade Pública Estadual — UPE

Excelentíssimo Senhor Secretário da Justiça e da Defesa da Cidadania do Estado de São Paulo

A .... (nome por extenso da entidade), inscrita no CNPJ sob o nº.........., com sede social na ....(rua, nº, bairro, CEP, cidade, estado), representada pelo seu (diretor presidente/representante legal) .... (nome completo, nacionalidade, estado civil, profissão, RG nº, CPF nº, endereço domiciliar completo) vem, respeitosamente, requerer a **Declaração de Utilidade Pública Estadual**.

Para tanto, anexa a este os documentos necessários, de conformidade com a Lei Estadual nº 2.574, de 4 de dezembro de 1980.

Nestes termos

P. deferimento

Local e data

....

(Assinatura do presidente da entidade)

(Carimbo da entidade)

Modelo 3
REQUERIMENTO DE DECLARAÇÃO DE UTILIDADE PÚBLICA MUNICIPAL — UPM

Excelentíssimo Senhor Prefeito Municipal de São Paulo — SP

A .... (nome por extenso da entidade), inscrita no CNPJ sob o nº.........., com sede social na ....(rua, nº, bairro, CEP, cidade, estado), representada pelo seu (diretor presidente/representante legal) .... (nome completo, nacionalidade, estado civil, profissão, RG nº, CPF nº, endereço domiciliar completo) vem, respeitosamente, requerer a **Declaração de Utilidade Pública Municipal**.

Para tanto, anexa a este os documentos necessários, de conformidade com a Lei nº 4.819, de 21 de novembro de 1955, alterada pelas Leis nº 5.120, de 8 de março de 1957, nº 6.915, de 24 de junho de 1966, nº 6.947, de 14 de setembro de 1966, nº 7.211, de 19 de novembro de 1968, nº 11.295, de 27 de novembro de 1992, e nº 12.520, de 24 de novembro de 1997.

Nestes termos

P. deferimento

Local e data

....

(Assinatura do presidente da entidade)

(Carimbo da entidade)

Modelo 4
REQUERIMENTO PARA QUALIFICAÇÃO COMO OSCIP

Excelentíssimo Senhor Ministro de Estado de Justiça

A .... (nome por extenso da entidade), fundada ou instituída em ...., com sede social na .... (rua, nº, bairro, CEP, cidade, estado), vem por meio deste solicitar a Vossa Excelência a qualificação como Organização da Sociedade Civil de Interesse Público instituída pela Lei nº 9.790, de 23 de março de 1999, regulamentada pelo Decreto nº 3.100, de 30 de junho de 1999, por se tratar de entidade dedicada a .... (indicar a finalidade da entidade), para o que apresenta a documentação anexa.

I — estatuto registrado em cartório;

II — ata de eleição de sua atual diretoria;

III — balanço patrimonial e demonstração do resultado do exercício;

IV — declaração de isenção do imposto de renda;

V — inscrição no CNPJ.

Nestes termos

P. deferimento

Local e data

....

(Assinatura do atual presidente ou do seu representante legal por meio de procuração)

CAPÍTULO 10

Agenda perpétua de entidade da área social

Obrigações legais e anuais de uma entidade da área social

Assembléia Geral Ordinária (AGO)	
Prazo	Até *30 de março* de cada ano[87]
Matéria	❑ Aprovação do relatório da diretoria e das demonstrações financeiras (balanço); ❑ Eleição da diretoria (se for o caso).
Providências	❑ Elaborar uma ata para ser registrada no cartório (o mesmo onde estão registrados os atos constitutivos da entidade); ❑ Havendo eleição da diretoria, fazer uma relação qualificativa dos membros eleitos, para ser anexada à ata da assembléia geral ordinária.
Obs.	❑ Outras matérias, como extinção, reforma do estatuto, matérias esporádicas etc., deverão ser deliberadas em Assembléia Geral Extraordinária (AGE); ❑ É possível realizar uma AGO e uma AGE num mesmo dia, mas devem ser abertas duas sessões. A ata a ser registrada em cartório é única.

Planejamento anual	
Prazo	É importante a aprovação do *planejamento anual*, até (ou durante) a assembléia geral ordinária.

[87] De acordo com o art. 132 da Lei nº 6.404/76 (que se aplica por analogia ao caso de associações sem fins lucrativos), as assembléias gerais ordinárias devem ser realizadas anualmente, nos quatro primeiros meses seguintes ao término do exercício social. Consideramos, porém, conveniente estipular uma data-limite para melhor organização das entidades.

Relatório de atividades — anual	
Prazo	O mesmo de entrega do relatório da diretoria (até 30 de março)
Matéria	O relatório de atividades deve demonstrar de forma detalhada as atividades desenvolvidas pela entidade. Por isso, deve ser feito de forma expressiva, qualitativa e quantitativamente, e, se possível, ilustrado com fotos.
Obs.	O *relatório de atividades da entidade do exercício findo* deverá integrar o relatório da diretoria.

Manutenção de títulos e certificados adquiridos

Utilidade pública federal (UPF)	
Prazo	30 de abril de *cada ano*
Documentação	❑ Relatório dos serviços prestados no ano imediatamente anterior; ❑ Demonstrações financeiras referentes ao exercício findo no ano imediatamente anterior, já aprovadas pela AGO; ❑ No caso de a entidade ter recebido subvenções do governo federal no ano anterior, as demonstrações financeiras devem ser publicadas em jornal e enviada uma via original do jornal.
Encaminhamento/ Providências	Recomenda-se que os documentos acima sejam enviados ao *Ministério da Justiça* com uma carta, ou via correio com AR, para se ter comprovante de envio, ou, no caso de São Paulo, através da *Coordenação para Assuntos do Estado de São Paulo em Brasília.*
Obs.	Atentar para o recebimento da *certidão* de validade do título, enviada anualmente após a entrega dos documentos acima. Essa certidão é exigida como comprovante da validade do título.

Utilidade pública estadual (UPE)*	
Prazo	**Enviar até o mês de *outubro* de cada ano**
Documentação	Relatório circunstanciado dos serviços e atividades desenvolvidos pela entidade no exercício imediatamente anterior, o qual deve ser feito de forma expressiva, qualitativa e quantitativamente, e, se possível, ilustrado com fotos.
Encaminhamento/ Providências	Fazer um ofício à *Secretaria da Justiça* apontando como referência o nº do decreto da UPE da entidade e a data de publicação do *Diário Oficial do Estado* (*DOE*).
Obs.	Se for entregue por *portador*, envie o ofício com cópia para ser protocolada, e se for entregue pelo *correio*, envie com AR, para ter comprovante do envio.

* Referente ao estado de São Paulo.

Utilidade pública municipal (UPM)*	
Prazo	Enviar somente a cada *três* anos
Documentação	❑ Relatório de atividades referente ao exercício imediatamente anterior; ❑ Balanço referente ao exercício imediatamente anterior; ❑ Atestado de idoneidade da diretoria (todos os membros), assinado por um juiz de direito, que conheça o trabalho da entidade; ❑ Eventuais alterações estatutárias; ❑ Ata da eleição da diretoria em exercício.
Encaminhamento/ Providências	Ofício ao governo municipal contendo a qualificação completa da entidade, telefone para contato e o nº do decreto de utilidade pública municipal.
Obs.	Se a documentação for entregue por portador, envie uma cópia do ofício para protocolo, e se a documentação for entregue pelo correio, envie com AR, para ter comprovante do envio.

* Referente ao município de São Paulo (Lei Municipal nº 12.520, de 24-11-1997).

Certificado de entidade de fins filantrópicos (CEFF)[88]	
Prazo de validade	*Três anos* a contar da data da publicação, no *Diário Oficial da União,* da resolução de deferimento de sua concessão. (A data de validade consta do próprio certificado.)
Documentação	❑ Requerimento/formulário fornecido pelo CNAS, devidamente preenchido, datado e assinado pelo representante legal, que deverá rubricar todas as folhas; ❑ Cópia dos atos constitutivos devidamente registrados no cartório competente; ❑ Ata de eleição da diretoria; ❑ Declaração de que a entidade está em pleno e regular funcionamento, conforme modelo fornecido pelo CNAS; Relatório de atividades dos três exercícios anteriores ao da solicitação; ❑ Balanços patrimoniais dos três exercícios anteriores ao da solicitação; ❑ Demonstrativo do resultado dos três exercícios anteriores ao da solicitação; ❑ Demonstração de mutação do patrimônio dos três exercícios anteriores ao da solicitação; ❑ Demonstração das origens e aplicações de recursos dos três exercícios anteriores ao da solicitação; ❑ Notas explicativas, evidenciando o resumo das principais práticas contábeis e os critérios de apuração do total das receitas, das despesas, da gratuidade, do tipo de clientela beneficiada com atendimento gratuito, de bolsas de estudo, das doações, das subvenções e das aplicações de recursos, bem como da mensuração dos gastos e despesas relacionados com a atividade assistencial;

continua

[88] Ver nota 77.

	❑ Plano de trabalho de assistência social; ❑ Comprovante de inscrição no Conselho Municipal de Assistência Social do município de sua sede, se houver, ou no Conselho Estadual de Assistência Social, ou Conselho de Assistência Social do Distrito Federal; ❑ Demonstrativo de serviços prestados dos três exercícios anteriores ao da solicitação; ❑ Cópia autenticada do CNPJ (antigo CGC); Em se tratando de *fundação*, a requerente, além dos documentos acima, deve apresentar: ❑ cópia da escritura de instituição registrada no cartório competente; ❑ comprovante de aprovação do estatuto e respectivas alterações, pelo Ministério Público.
Encaminhamento/ Providências	Não espere vencer o prazo para *requerer sua renovação.* Faça o pedido com antecedência mínima de dois meses através de requerimento, enviado diretamente ao Conselho Nacional de Assistência Social (CNAS) pelo correio com AR, ou, através da Coordenação para Assuntos do Estado de São Paulo em Brasília.

Organização da sociedade civil de interesse público (OSCIP)	
Prazo	*Anual*
Documentação	❑ Relatório anual de execução de atividades; ❑ Demonstração de resultados do exercício; ❑ Balanço patrimonial; ❑ Demonstração das origens e aplicações de recursos; ❑ Demonstração das mutações do patrimônio social; ❑ Notas explicativas das demonstrações contábeis, caso necessário; ❑ Parecer e relatório de auditoria independente, somente para os casos em que os recursos recebidos pela OSCIP, por meio de termos de parceria, for maior ou igual a R$600.000,00.
Encaminhamento/ Providências	Ministério da Justiça — setor de OSCIP.
Obs.	❑ A prestação de contas anual da entidade deve ser feita sobre a totalidade das operações patrimoniais e resultados da entidade, assinada por um contador registrado no Conselho Regional de Contabilidade, seguindo os princípios fundamentais da contabilidade e as Normas Brasileiras de Contabilidade. ❑ No caso específico das fundações de direito privado, a prestação de contas anual deve continuar sendo enviada ao Ministério Público.

Manutenção de outros benefícios

Reconhecimento da imunidade/isenção do imposto de renda

- *Prazo:* anual (observar o prazo estipulado pela Receita Federal para entrega da declaração de IR).
- *Documentação:* declaração de isenção de imposto de renda de pessoa jurídica (DIPJ).
- *Encaminhamento/providências:* Secretaria da Receita Federal.

INSS — Isenção de pagamento da quota patronal

- *Prazo:* 31 de janeiro.
- *Encaminhamento/Providências:* GRAF/DAF jurisdicionante da sua sede.
- *Documentação:* Plano de ação das atividades a serem desenvolvidas durante o ano em curso.
- *Prazo:* 30 de abril.
- *Encaminhamento/Providências:* Gerência Regional de Arrecadação e Fiscalização (Graf) do INSS jurisdicionante da sede da entidade.
- *Documentação:*

1. Informações sobre:

a) localização de sua sede;

b) nome e qualificação completa de seus dirigentes;

c) relação dos seus estabelecimentos e obras de construção civil com respectivos endereços e números de inscrição no Cadastro Nacional de Pessoas Jurídicas (CNPJ) ou Cadastro Específico do INSS (CEI), informando qual a atividade desenvolvida em cada estabelecimento (Anexo II — OS 210 de 26-5-1999);

d) Demonstrativo financeiro mensal de atividade (Anexo VI — A);

e) Demonstrativo financeiro mensal de atividade (Anexo VI — B).

2. Descrição pormenorizada dos serviços de assistência social, educacional ou de saúde prestados a menores, idosos, portadores de deficiências e pessoas carentes, mencionando a quantidade de atendimento e respectivos custos;

3. Cópia autenticada da publicação do balanço geral e do demonstrativo de receitas e despesas do exercício anterior assinado pelo representante legal e por profissional competente (contador);

4. Demonstrativo mensal dos valores despendidos em assistência social;

5. Declaração firmada por pelo menos dois dirigentes, sob pena de responsabilidade, de que a entidade continua a satisfazer plena e cabalmente os requisitos constantes do item 3 da OS 168 de 31-7-1997 e da Lei nº 9.732 de 11-12-1998;

6. Resumo das folhas de pagamento com a discriminação mês a mês, pelos totais, de todas as parcelas integrantes e não integrantes do salário de contribuição, das contribuições retidas, das deduções legais (salário-família e salário-maternidade);

7. Cópia das GFIP (guia de recolhimento do fundo de garantia do tempo de serviço e informações à Previdência Social) do período;

8. Relação das GRPS (guia de recolhimento da previdência social) recolhidas no período com a indicação da competência a que se refere, valor e data do recolhimento;

9. Cópia autenticada do certificado de entidade de fins filantrópicos vigente à data ou prova de haver requerido sua renovação, caso tenha expirado o prazo de validade;

Obs.: Exija:

- protocolo da documentação apresentada, com data e assinatura do servidor da Graf que recebeu e acompanhe até decisão final de manutenção ou não da isenção;
- Placa de identificação (Anexo IX — OS 210/99).

Relação de endereços dos principais órgãos públicos

- **Secretaria Nacional de Justiça — Divisão de Outorgas e Títulos**
  Ministério da Justiça
  Esplanada dos Ministérios — Edifício Anexo II, 2º andar, sala 211 — Setor de Utilidade Pública —
  CEP 70.064-901 — Brasília — DF
  Tels.: (0xx61) 429-3425 e 429-3429

- **Secretaria Nacional de Justiça — Serviço de Qualificação de OSCIP**
  Ministério da Justiça
  Esplanada dos Ministérios — Edifício Anexo II, 3º andar, sala 315
  CEP 70.064-901 — Brasília — DF
  Tels. (0xx61) 429-3139, 429-3804 e 429-3573

- **Coordenação para Assuntos do Estado de São Paulo em Brasília**
  Av. W2 Sul — Q. 505 — Bloco "C" — loja 4/8
  CEP 70.350-530 — Brasília — DF
  Tel. (0xx61) 443-5843 — Fax (0xx61) 443-5528

- **Conselho Nacional de Assistência Social (CNAS)**
  Esplanada dos Ministérios — Anexo I do Ministério da Previdência
  CEP 70.350-530 — Brasília — DF
  Tels. (0xx61) 317-5578 e 317-5502

- **Conselho da Comunidade Solidária**
  Esplanada dos Ministérios, Bloco A, 4º andar
  CEP 70.054-900 — Brasília — DF
  Fax: (0xx61) 411-4636

- **Secretaria da Justiça e da Defesa da Cidadania de São Paulo**
  Pátio do Colégio nº 184 — 3º andar — sala 53
  CEP 01016-040 — São Paulo — SP
  Tel.: (0xx11) 239-5331/4399 ramal 119/189

- **Governo Municipal de São Paulo**
  Gabinete do Prefeito
  Palácio das Indústrias — Parque D. Pedro II
  São Paulo — SP
  Tel.: (0xx11) 3315-9077 ramal 2104

- **Conselho Municipal de Assistência Social (São Paulo)**
  Praça da República nº 154
  São Paulo — SP
  Tel.: (0xx11) 259-3144

- **Prefeitura do Município de São Paulo — Secretaria de Finanças — Divisão de Serviços Especiais e Rendas Mobiliárias**
  Rua Pedro Américo nº 32
  São Paulo — SP
  Tel.: (0xx11) 3225-5500

- **Prefeitura do Município de São Paulo — Secretaria de Finanças**
  Rua Brigadeiro Tobias nº 691
  São Paulo —SP
  Tels. (0xx11) 228-5771, 228-0611 e 227-5433

- **Secretaria da Fazenda do Estado de São Paulo**
  Av. Rangel Pestana nº 300, 3º andar
  São Paulo — SP

- **Receita Federal**
  Rua Florêncio de Abreu nº 770
  São Paulo — SP

Bibliografia

Bevilácqua, Clóvis. *Código Civil comentado.* v. 1.

Costa, Márcio da. A contribuição ao PIS-Pasep das entidades sem fins lucrativos. *Cadernos de Direito Tributário e de Finanças Públicas.* São Paulo, RT, *2*(7):20-2, abr./jun. 1994.

Cruz, Flávio da et alii. *Comentários à Lei nº 4.320.* São Paulo: Atlas, 1999.

Diniz, Maria Helena. *Curso de direito civil brasileiro.* 10 ed. São Paulo: Saraiva, 1994. v. 2.

Falcão, Joaquim. Apresentação da série Marco Legal: Terceiro Setor. In: Oliveira, Anna Cynthia. *Terceiro setor: uma agenda para reforma do marco legal.* Brasília: Comunidade Solidária, 1997.

Fernandes, Jorge Ulisses Jacoby. Convênios administrativos. In: *Síntese trabalhista, notas e comentários.* jan. 1997.

Ferrarezi, Elisabete & Rezende, Valéria. *Organização da sociedade civil de interesse público — OSCIP: a Lei 9.790 como alternativa para o terceiro setor.* Brasília: Comunidade Solidária, 2000.

Fischer, Octavio Campos. *A contribuição ao PIS.* São Paulo: Dialética, 1999.

Jordan, David Alberto Beker. *A carreira do administrador em organizações do terceiro setor.* São Paulo: EAESP/FGV, out. 1998. (Caderno Cets — Centro de Estudos do Terceiro Setor, 3.)

Landim, Leilah & Beres, Neide. *Ocupações, despesas e recursos: as organizações sem fins lucrativos no Brasil.* Projeto comparativo sobre o setor sem fins lucrativos. Rio de Janeiro: Nau, 1999.

Leite, Celso Barroso. Filantropia e contribuição social. 1997. mimeog. (Relatório ao CNAS.)

Manual de practicas construtivas en materia de regimen legal aplicable a las ONGs. Washington, D.C.: Banco Mundial, 1997.

Martins, Ives Gandra da Silva. *Comentários à Constituição do Brasil.* São Paulo: Saraiva, s.d. v. 6, t. I.

——— (coord.). Imunidade tributária. In: *Imunidades tributárias, pesquisas tributárias.* São Paulo: Revista dos Tribunais, Centro de Extensão Universitária, 1998. (Nova Série, 4.)

——— & Rodrigues, Marilene Talarico Martins. Imunidade tributária das instituições de assistência social à luz da Constituição Federal. *Revista Dialética de Direito Tributário* (38).

Oliveira, Anna Cynthia. *Construindo um marco regulatório para a consolidação do setor privado não lucrativo e de fins públicos no Brasil.* Brasília: Conselho Comunidade Solidária, 1996.

———. *Terceiro setor: uma agenda para reforma do marco legal.* Rio de Janeiro: Comunidade Solidária, 1997a.

——— (org.). *Marco regulador de las organizaciones de la sociedad civil en Sudamérica.* Washington, D.C.: BID/Pnud, 1997b.

Paes, José Eduardo Sabo. *Fundações e entidades de interesse social — aspectos jurídicos, administrativos, contábeis e tributários.* 2 ed. rev. e atual. Brasília: Brasília Jurídica, 2000.

Peliano, Ana Maria T. Medeiros & Beghin, Nathalie. *A iniciativa privada e o espírito público: a ação social das empresas do Sudeste brasileiro.* Brasília: Ipea, 2000.

Pietro, Maria Sylvia Zanella. *Direito administrativo.* 12 ed. São Paulo: Atlas, 2000.

Rafael, Edson José. *Fundações e direito.* São Paulo: Melhoramentos, 1997.

Rocha, Valdir de Oliveira. Inconstitucionalidade da contribuição ao PIS calculada com base na folha de pagamento. *Revista Dialética de Direito Tributário.* São Paulo (3):80-7, dez. 1995.

Silva, Indira Ernesto. Parecer da Consultoria Jurídica do Ministério da Previdência e Assistência Social. *Revista Dialética de Direito Tributário*. São Paulo (41):135 e ss, jun. 1998.

Sklarowsky, Leon Ferjda. Convênios — consórcios administrativos — ajustes — outros instrumentos congêneres. *Revista dos Tribunais* (751), maio 1998.

Szazi, Eduardo. *Terceiro setor: regulação no Brasil*. São Paulo, Petrópolis, 2000.

———. *Modalidades contratuais para gestão de pessoal*. http://www.rits.org.br

Trezza, Valéria Maria. 2 anos de OSCIP. *Revista Eletrônica Integração*. abr. 2001. www.fgvsp.publicação.

Xavier, Alberto. As entidades fechadas de previdência privada como instituições de assistência social. *Revista Dialética de Direito Tributário* (52). p. 23-37.

COLEÇÃO FGV PRÁTICA

(Títulos já publicados)

Como Fazer Monografia na Prática (6ª ed. rev. ampl.)
Takeshy Tachizawa e Gildásio Mendes
140p.

Como Organizar e Administrar uma Cooperativa: uma Alternativa para o Desemprego
Helnon de Oliveira Crúzio
156p.

Economia em Compras
Vicente Lentini Plantullo
172p.

Gestão de Instituições de Ensino
Takeshy Tachizawa e Rui Otávio B. de Andrade
280p.

Gestão de ONGs — Principais Funções Gerenciais (5ª edição)
Fernando G. Tenório (org.)
140p.

Gestão Social: Metodologia e Casos (2ª edição)
Fernando G. Tenório (coord.)
100p.

Novas Experiências de Gestão Pública e Cidadania
Marta Ferreira S. Farah e Helio Batista Barboza (orgs.)
296p.

Parcerias e Pobreza: Soluções Locais na Construção de Relações Sócio-Econômicas
Ilka Camarotti e Peter Spink (orgs.)
152p.

Parcerias e Pobreza: Soluções Locais na Implementação de Políticas Sociais
Ilka Camarotti e Peter Spink (orgs.)
156p.

Sistemas Eleitorais: uma Introdução (2ª edição)
Jairo Marconi Nicolau
80p.

Redução da Pobreza e Dinâmicas Locais
Ilka Camarotti e Peter Spink (orgs.)
328p.

---

impresso nas oficinas
da Imprinta Gráfica e Editora Ltda.,
à Rua João Romariz, 285 - Rio de Janeiro.